Du kannst das leben nicht verlängern noch verbreitern – nur vertiefen!

(Gorch Fock)

10. August

99 (post christum natum)

B.

Katja McHardy

Nicht ohne meine Mutter

Katja McHardy

Nicht ohne meine Mutter

Das Nesthockerproblem

Bechtermünz Verlag

Genehmigte Lizenzausgabe für
Weltbild Verlag GmbH, Augsburg 1999

Umschlaggestaltung: CCG,Köln
Umschlagmotiv: Fotex, Hamburg
Gesamtherstellung: Ebner Ulm
Printed in Germany
ISBN 3-8289-0241-3

Zwei Dinge muß man seinen Kindern mitgeben:
Wurzeln und Flügel
(neuseeländisches Sprichwort)

Über das Buch

Zwei Dinge sollte man seinen Kindern mitgeben: »Wurzeln und Flügel«. So lautet ein neuseeländisches Sprichwort. Was aber tun, wenn der Nachwuchs zu tiefe Wurzeln geschlagen hat und sich weigert, von den Flügeln Gebrauch zu machen? Was tun, wenn die volljährigen Kinder anstatt flügge zu werden, das elterliche Zuhause beschlagnahmen und Mutter und Vater um den eigenen Freiraum fürchten müssen?

Das Buch untersucht das Phänomen der sogenannten Nesthocker. Es macht deutlich, daß es sich dabei um ein gesellschaftliches Problem handelt, dem die verschiedensten Motive zugrunde liegen können: Denn nicht alle Kinder, die die Fürsorge ihrer Eltern über Gebühr beanspruchen, sind egoistische und bequeme Schmarotzer.

In Zeiten liberaler Erziehungsmethoden leben manche einfach nur zufrieden und gerne im elterlichen Haushalt. Oft auch halten die Eltern so lange wie möglich an der Anwesenheit ihrer Schützlinge fest, sei es aus psychologischen oder nur aus finanziellen Erwägungen, da sie nicht für die immer kostspieliger werdende Lebenshaltung eines außer Haus lebenden Kindes aufkommen können.

Ohne Schuldzuweisungen geht das Buch in 17 Interviews der Geschichte verschiedener »Nesthocker« nach. Es ist sowohl für die Eltern als auch für den Nachwuchs eine spannende, amüsante und lehrreiche Lektüre.

Die Autorin

Katja McHardy, geboren 1958, studierte in München und Frankfurt Germanistik, Geschichte und Philosophie. Sie lebt als freie Journalistin, Moderatorin und Autorin in Wiesbaden.

Inhalt

Vorwort

Finden sie keine Wohnungen, sind sie einfach nur bequem oder hat sich ihre Einstellung zum Leben so verändert, daß sie das Elternhaus nicht verlassen wollen? Immer mehr junge Erwachsene bleiben lieber am heimischen Herd als sich ein eigenes Zuhause zu suchen.
Häufig im Wohlstand aufgewachsen und ohne eigene Schuld verwöhnt, haben sie eine Anspruchshaltung inne, die sie mögliche Einschränkungen fürchten läßt.
Die heutigen Eltern von jungen Erwachsenen sind im Alter zwischen vierzig und sechzig Jahren und empfinden sich zumeist als tolerant und aufgeklärt. So tolerant, daß sie ihren Kindern kaum Probleme mit sich in ihrer Funktion als Erziehende zubilligen mögen.
An einem Punkt, an dem die Jungen das Elternhaus verlassen, Eigenständigkeit und Initiative zeigen sollten, erkennen sie häufig den Wert des komfortablen Heimes und mögen es nicht gegen eine ungewisse Zukunft eintauschen. Hierzulande sind sie inzwischen so häufig anzutreffen, daß sie sogar schon einen eigenen Namen bekommen haben: »Nesthocker«.
Das statistische Bundesamt in Wiesbaden legte jetzt Zahlen vor, anhand derer erkennbar wird, daß in Deutschland mehr als ein Drittel der insgesamt 17,5 Millionen in Familien lebenden Kinder bereits das achtzehnte Lebensjahr vollendet haben.
Bis zum Alter von fünfundzwanzig Jahren sind es fast 38% der jungen Leute, die noch zu Hause wohnen, und erst gegen das dreißigste Lebensjahr verringert sich der Anteil auf 11%.
Ein Trend, der sich allerdings nicht nur in Deutschland beob-

achten läßt. Innerhalb des europäischen Auslandes, so fand das Mailänder Sozialforschungsinstitut »IARD« heraus, sitzen die hartnäckigsten Nesthocker in Italien. Etwa 80% der jungen Menschen bis neunundzwanzig Jahre wohnen mit »La Mamma« unter einem Dach. Als einen wesentlichen Grund für dieses Phänomen nennen die italienischen Soziologen die Schwierigkeiten bei der Wohnungssuche. In Städten wie Rom oder Mailand können die Mietkosten für ein Einzimmerapartment so hoch wie der Monatslohn eines Arbeiters sein.

Auch in Amerika hält es die jungen Erwachsenen zunehmend länger im elterlichen Hause. Laut amerikanischen Statistiken sind es bei den Zwanzig- bis Vierundzwanzigjährigen gut 61% der unverheirateten Männer und fast 53% der ledigen Frauen, die noch bei Mutter und Vater wohnen; und immerhin sind es 12% der Fünfundzwanzig- bis Dreißigjährigen, die nicht auf eigenem Fuße leben.

Immer mehr Eltern sehen sich einigermaßen ratlos ihrem Nachwuchs gegenüber, der seinerseits keinerlei Bestreben zeigt, wie geplant das Elternhaus zu verlassen. Logische und häufig unliebsame Konsequenz ist, daß die jungen Erwachsenen über die normale Zeit hinaus das Leben ihrer Eltern bestimmen und möglicherweise belasten.

Was sind das für junge Leute, die lieber bei ihren Eltern bleiben als sich unabhängig machen?

Was sind es aber auch für Eltern, deren Kinder den von ihnen erwarteten Schritt nicht – oder zumindest nicht zu dem dafür vorgesehenen Zeitpunkt gehen wollen?

Auf der Suche nach Gemeinsamkeiten und möglichen Typologien habe ich mit vielen Müttern und Vätern, Söhnen und Töchtern gesprochen. Bei aller Unterschiedlichkeit der individuellen Familien lassen sich doch einige Merkmale feststellen, die sich häufig wiederholen. Die hier aufgeführten

Fallbeispiele habe ich jeweils stellvertretend für viele ähnliche herausgesucht, um mit ihnen den Versuch zu unternehmen, bestimmte Mechanismen zu verdeutlichen, die zu der beschriebenen Situation führen können.
Dennoch läßt sich eine klare Abgrenzung der folgenden Kategorien nicht immer vornehmen. So prototypisch die individuellen Beispiele auch sein mögen, immer kann es sein, daß einzelne Phänomene auch bei anderen Fällen auftreten:

1.) Kinder, deren Eltern ein eigenes Unternehmen führen. Diese Eltern möchten sehr häufig, daß ihre Kinder den Betrieb / die Praxis einmal übernehmen und beginnen häufig schon sehr früh, den Sohn / die Tochter an dieses Ziel heranzuführen.
2.) Ökonomische Gründe können dagegen sprechen, daß ein erwachsenes Kind das Elternhaus verläßt. Sei es, daß der- oder diejenige nicht über ausreichende finanzielle Mittel verfügt, sich eine eigene Wohnung zu mieten, sei es, daß die Eltern das notwendige Geld lieber in den Umbau des Hauses als in den monatlichen Wechsel investieren möchten.
3.) Kinder, die zwar Kraft Gesetzes volljährig und damit erwachsen sind, denen aber trotz vorhandener ökonomischer Sicherheit der Mut fehlt, den Schritt in die Unabhängigkeit zu wagen.
4.) Eltern, denen die Kinder nicht nur Kinder, sondern vielleicht Ersatz für ein Defizit in der Partnerschaft oder gar Ersatz für einen fehlenden Partner sind, entwickeln vielfältige Mechanismen, ihre Töchter und Söhne räumlich an sich zu binden.
5.) Kinder, deren häusliches Umfeld von Wohlstand geprägt ist, so daß es in jedem Fall eine Einbuße an Luxus und Komfort bedeuten würde, wenn sie auszögen. Einen Verlust von Annehmlichkeiten, auf die sie nicht verzichten möchten.

6.) Junge Erwachsene, die das elterliche Haus / Wohnung als Bleibe betrachten, in der sie mit »pensionsartigem Service« versorgt werden und deren Eltern sich –wenn auch nicht immer freiwillig – den Wünschen und Bedürfnissen der Kinder unterordnen

7.) Familien, in denen ökonomische oder emotionale Gründe dazu führen, daß aus einem Eltern- / Kindverhältnis eine von allen Beteiligten mehr oder weniger gutgeheißene Wohngemeinschaft wird.

Eines ist ihnen jedoch allen gemeinsam, die innere Reife, deren es bedarf, um sich auf eigene Füße zu stellen, ist nicht genug entwickelt, um die Ablösung von den Eltern oder einem Elternteil zu vollziehen.

»Wir sind ein Herz und eine Seele.«

Julia H., 26 Jahre, Ingenieurin
Eva-Maria H., 57 Jahre, Sachbearbeiterin

Julia, fertige Ingenieurin, arbeitet seit einem Jahr fest in einem Vermessungsbüro und wohnt bei ihrer Mutter.
Wie zu Julias Schulzeiten finanziert die Mutter die Wohnung; einzig zu den Lebensmitteln trägt sie ihren Teil bei. Sie versteht sich gut mit der Mutter, zumindest »im großen und ganzen« und verbringt oft sogar die Wochenenden gemeinsam mit ihrem Freund zu Hause.
»Meine Mutter und ich, das ist eine Gemeinschaft, von der ich mir im Moment gar nicht vorstellen kann, wie sie sich jemals auseinander dividieren sollte. Wir sind wirklich ein Herz und eine Seele, zumindest meistens. Also es gibt natürlich auch zwischendurch immer mal wieder kleinere Reibereien, aber nie wirklich ernsthaft. Also im Gegenteil, ich würde sogar sagen, daß wir uns so nah und auch so ähnlich sind, daß es kaum Spielraum für Mißverständnisse gibt. Das ist manchmal gar nicht so einfach für meinen Freund Klaus. Er kommt sich von Zeit zu Zeit vor wie das fünfte Rad am Wagen. Nicht, daß er meine Mutter nicht mag, im Gegenteil, die beiden waren sich, als sie sich vor zwei Jahren kennenlernten auf Anhieb wirklich sehr sympathisch. Aber es ist für ihn natürlich komisch, daß ich so ein enges Verhältnis zu meiner Mutter habe. Ich kann mir auch nicht vorstellen, sie für eine längere Reise zum Beispiel alleine zu lassen, also, entweder sie kommt mit, oder ich bleibe zu Hause. Sie braucht mich und ich brauche sie, so einfach ist das.
Als vor zehn Jahren mein Vater starb, da habe ich ihr versprochen, sie nicht zu verlassen. Damals war das ganz schrecklich

für sie, der Gedanke wirklich allein zu sein. Ich bin Einzelkind und als mein Vater bei dem Unfall ums Leben kam, brach für sie wirklich eine Welt zusammen. Sie war wie viele Frauen ihrer Generation doch sehr fixiert auf meinen Vater. Da war plötzlich alles weg, Ehemann, Liebhaber, Tröster, Vater des Kindes, Freund, Ernährer, einfach alles, aber vor allem der Bezugspunkt zur Außenwelt. Mein Vater war ein unheimlich aktiver Typ, also, der ging gern Kegeln und Tanzen und so. Als er tot war, ist meine Mutter Ewigkeiten nicht mehr zu diesen Veranstaltungen gegangen, obwohl die Freunde oder Bekannten sie nach einer Anstandsfrist immer wieder gefragt haben. Sie wollte einfach nicht mehr unter Menschen. Wenn ich ihr nicht aus der Schule oder später dann aus der Uni die Welt ins Wohnzimmer getragen hätte, die wäre total vereinsamt. Ich glaube, das erste Mal zum Essen habe ich sie eingeladen, da war ich knappe 18. Da habe ich an ihrem Geburtstag gesagt, jetzt gehst du mit, und da ist sie mitgekommen. Das war das erste Mal seit meines Vaters Tod, daß sie vor die Tür gegangen ist. Aber so wie früher ist es nicht mehr geworden, dabei ist sie durchaus eine attraktive Frau, die braucht sich nicht verstecken. Aber sie will einfach nicht. Sie will auch niemand kennenlernen. Ich hab ihr schon so oft gesagt, daß sie mal rausgehen soll, unter Leute, ich hab ihr sogar gesagt, daß mein Vater sicher nicht gewollt hätte, daß sie in ihrem Alter für immer und ewig zu Hause hockt, aber da ist ihr nicht beizukommen. Sie sagt dann immer nur, sie hätte ja mich und das würde ihr genügen.

Doch, ich empfinde das schon als Belastung, wobei, Belastung hört sich so negativ an, so meine ich das nicht. Ich bin ja auch gerne mit meiner Mutter zusammen und dadurch, daß ich ja nun auch nicht gerade in einem einfachen Alter war, als Vati starb, sind wir natürlich sehr zusammengewachsen, mehr als andere Mütter und Töchter. Aber ich sitze schon manchmal da und überlege mir, daß ich stramm auf die dreißig gehe und immer noch zu Hause bin. Aber jedesmal, wenn ich auch nur andeute, daß ich mir eine eigene Wohnung suchen möchte, also, wie soll ich das beschreiben, auf dem Ohr hört meine Mutter einfach nicht. Klaus sagt immer, ich würde es auch nicht mit genug Nachdruck artikulieren. Das kann sein, aber was soll ich machen? Ich bringe es nicht über mich, ihr da weh zu tun. Wie das allerdings werden soll, wenn ich mal Kinder oder eine Familie habe, das weiß ich auch noch nicht, zur Zeit kann ich es mir nur so denken, daß ich dann meine Mutter zu mir nehme. Hoffentlich macht da mein zukünftiger Mann mit ...«

Julias Mutter ist eine gepflegte Dame, der man das Alter von knapp 57 Jahren nicht ansieht. Sie gibt und kleidet sich sportlich und wirkt auf Anhieb alles andere als kontaktscheu. Einen Teil ihres Einkommens bezieht sie aus der Witwenrente, den anderen verdient sie mit ihrer Arbeit in einem Reisebüro.

»Julia ist wirklich mein ein und alles. Ich weiß nicht, was ich damals getan hätte, als mein Mann starb, wenn ich sie nicht gehabt hätte. Natürlich haben wir auch die ganz normalen Mutter-Tochter-Konflikte im entsprechenden Alter durchzustehen gehabt, aber ich bilde mir ein, daß unser Verständnis für einander doch immer größer als bei anderen gewesen ist. Wirklich Ärger gab es eigentlich immer nur aus einem Grund. Julia wollte ab einem bestimmten Alter natürlich gerne mit ihren Freunden verreisen oder abends in irgendwelche Diskotheken gehen. Das habe ich ihr oft – aus ihrer Sicht damals zu oft – verboten. Ich konnte den Gedanken nicht ertragen, daß dem Kind etwas zustoßen könnte.
Eigentlich kann ich es immer noch nicht gut haben, wenn

sie nachts unterwegs ist. Jetzt sage ich natürlich schon lange nichts mehr, das steht mir einfach nicht zu, schließlich ist sie sechsundzwanzig, aber ich kann zum Beispiel bis heute nicht schlafen, wenn ich nicht das Klicken ihres Schlüssels in der Türe gehört habe. Und wenn ich noch so müde bin, ich döse höchstens so vor mich hin, und schlafe erst ein, wenn Julia zu Hause ist.

Sie hat mir auch schon gesagt, daß sie sich dadurch manchmal eingeengt fühlt, aber ich kann es leider nicht ändern. Ich bin schon immer eher ängstlich gewesen, aber nachdem mein Mann tot war, hat sich das noch einmal deutlich verstärkt. Ich kann Julia nur anbieten, es zur Kenntnis zu nehmen und sich davon in ihren abendlichen Unternehmungen nicht behindern zu lassen.

Nein, eine Therapie kommt für mich nicht in Frage. Ich halte mich auf gar keinen Fall für irgendwie neurotisch oder krank, es ist doch völlig normal, daß der Verlust eines geliebten Menschen Kerben auf der Seele hinterläßt, da braucht man sich doch nicht zu schämen oder ärztlich behandeln zu lassen. Ich meine, Julia hat doch auch das ein oder andere davongetragen. Sie hatte ein besonders inniges Verhältnis zu ihrem Vater. Das ist ja oft so, sagt man, daß Väter und Töchter nah beieinander sind, gerade in diesem Alter. Julia hat sich nach seinem Unfall wieder viel stärker mir zugewandt und ist eine ausgesprochen aufmerksame und zärtliche Tochter geworden. Sie hat ein ganz stark ausgeprägtes soziales Empfinden und Verantwortungsbewußtsein.

Ich glaube eigentlich nicht, daß diese Entwicklung unbedingt etwas mit mir und meinem Verhalten zu tun hat. Natürlich habe ich mich sehr auf sie konzentriert damals, aber das wäre ja auch um ihretwillen gar nicht anders gegangen. Ansonsten habe ich mich zumindest bemüht, ihr möglichst viel Freiraum für ihre persönliche Entfaltung zu geben.

Ich weiß nicht, wie ich reagieren werde, wenn sie eines Tages mit einem Mann zusammenleben möchte und nicht mehr hier in der Wohnung. Sie ist ja jetzt schon zwei Jahre mit Klaus zusammen, aber ich habe nicht den Eindruck, daß die beiden über diese Dinge ernsthaft nachdenken. Eher habe ich das Gefühl, daß Julia sehr zufrieden ist mit der Situation, wie sie bei uns ist. Klaus ist auch oft am Wochenende bei uns. Das ist eigentlich immer sehr nett. Ich gehe nicht so übermäßig viel aus, und dementsprechend genieße ich auch, wenn mal jemand Fremdes – auch wenn Klaus nicht mehr fremd ist – zu uns kommt und neuen Gesprächsstoff in die Wohnung bringt.

Denn Julia und ich sehen uns fast jeden Tag, zumindest um eine gemeinsame Mahlzeit einzunehmen. Das macht mir viel Freude. Ich koche auch gerne für sie, so wie früher für meinen Mann, denn ich bin immer früher zu Hause als sie.

Ich glaube nicht, daß Julia irgend etwas in unserem Verhältnis als Belastung empfindet.

Was sollte das auch sein? Wir verstehen uns gut, es gibt keine schwerwiegenden Auseinandersetzungen, und wir lassen uns gegenseitig leben und atmen.«

Durch den Tod ihres Vaters ist Julia sehr früh gezwungen gewesen, sich in der Welt der Erwachsenen mit all ihren Verantwortlichkeiten zurechtzufinden. Ganz offensichtlich hat sie diese Aufgabe geradezu meisterhaft bewältigt und ihrer Mutter den verstorbenen Partner auf mehreren Ebenen liebevoll zu ersetzen versucht. Geleitet von Zuneigung, Pflichbewußtsein und einem großen Maß an Verantwortungsgefühl nimmt sie somit seit Jahren in der Beziehung zu ihrer Mutter einen Part ein, der eigentlich weder der des heranwachsenden noch der des erwachsenen Kindes sein kann. Dennoch scheint ihr, zumindest vordergründig, eine gewisse innere Distanz zu ihrer Mutter gelungen zu sein. Sie hat ihr Studium abgeschlossen, einen Arbeitsplatz gefunden und einen festen Freund. Den Schritt allerdings, ihr Leben in die eigene Hand zu nehmen und sich eine Wohnung zu suchen, um frei von den sanften durch die Mutter ausgeübten Zwängen zu leben, kann sie nicht vollziehen. Sie wagt nicht, das Problem in der gebotenen Deutlichkeit zu artikulieren. Eva-Maria fühlt sich offensichtlich wohl in der Rolle, von ihrer Tochter emotional versorgt zu werden. Die Belastung, der sie Julia damit aussetzt, ist ihr im vollen Umfang nicht bewußt. Fast scheint, als habe sich mit dem Tod des Ehemannes/Vaters das Verhältnis Mutter Tochter umgekehrt. Während die Mutter die Position der zu Beschützenden eingenommen hat, versteht sich Julia seither als diejenige, die zu versorgen hat. Durch diesen Druck hat Julia ein wesentliches Stadium in ihrer Entwicklung überspringen müssen. Im Bewußtsein geliebt zu werden, Grenzen auszuprobieren und herauszufinden, wo man selbst steht, ist ein wichtiger Prozeß, der normalerweise während der Pubertät stattfindet. Just in dieser Zeit verlor Julia ihren Vater und die Mutter konnte die Rolle derer, an der sich Julia sowohl orientieren als auch reiben hätte können, aus welchen Gründen auch immer, nicht übernehmen. Für Julia entsteht dadurch ein Dilemma, dessen sie sich heute durchaus bewußt ist. Sie bewegt sich zwischen den beiden Möglichkeiten, sich zum ersten Mal in ihrem Leben wirklich für sich zu entscheiden und damit die Mutter sicher tief zu verunsichern, wenn nicht sogar zu verletzen, oder ihr Leben so zu gestalten, daß sie die Mutter weiterhin zum festen Bestandteil ihrer Existenz macht und die bestehende Abhängigkeit nicht löst. Für Eva-Maria würde eine Trennung von ihrer Tochter einen, wenn auch unter veränderten Vorzeichen, so doch vergleichbaren Verlust wie der Tod ihres Mannes bedeuten. Julia spürt die Abhängigkeit ihrer Mutter und fühlt sich zumindest derzeit nicht in der Lage, die Verantwortung für die Konsequenzen aus einer Trennung zu übernehmen.

Noch scheut sie sich, das Problem offen anzusprechen, zumal ihr Freund sich verständnisvoll und tolerant erweist. Wirklich schwierig wird die Situation, wenn Julia jemals vor die Alternative gestellt würde, sich zwischen einem Mann und ihrer Mutter entscheiden zu müssen.

»Gut, dann bauen wir den Keller aus!«

Klaus B., 20 Jahre, Auszubildender
Hans B., 48 Jahre, Unternehmer
Ilse B., 48 Jahre, Hausfrau
Michaela B., 14 Jahre, Schülerin

Klaus hat gerade den langersehnten Bescheid bekommen, daß er nicht zur Bundeswehr und keinen Zivildienst leisten muß.
Daher wird er demnächst im väterlichen Unternehmen (Computer) eine kaufmännische Lehre beginnen, um im Anschluß Betriebswirtschaft und Volkswirtschaft zu studieren. Gemeinsam mit seiner sechs Jahre jüngeren Schwester Michaela und den Eltern bewohnt er ein gediegenes Einfamilienhaus in der Nähe von Mannheim. Klaus hatte eigentlich vor, sich nach dem Abitur mit drei Freunden zusammen eine Wohnung zu nehmen.

»Als ich das so in aller Ruhe mit meinen Eltern besprechen wollte, habe ich schon an den entgeisterten Gesichtern gemerkt, daß die mit sowas gar nicht gerechnet haben. Mein Vater hat mir klipp und klar vorgerechnet, was es heißt, einen Sohn in der Ausbildung zu haben, und daß er nicht daran denkt, mir einen monatlichen Wechsel von um die eintausend Mark zuzuschieben, nur damit ich halbwegs so leben kann wie heute. Ich habe mir das nicht lange überlegt, im Prinzip ist mir doch auch lieber, ich bin hier, als daß ich mich irgendwie mit den Jungens rumstreiten muß, wer mit Spülen dran ist, oder den Siff im Bad putzen muß.
Ich habe mir einfach nicht klargemacht, was es wirklich heißt alleine, also ohne Eltern zu leben.

Ich dachte einfach nur, daß es nett wäre so mit den Jungens gemeinsam mal eine Weile vor sich hinzuwerkeln, ohne jemand, der einem ständig sagt, daß das Zimmer noch aufgeräumt werden muß oder der Müll runtergebracht werden sollte. Aber wie gesagt, als ich das lange Gesicht meines Vaters gesehen habe, wußte ich gleich: Aus der Traum. Der hat mir vorgerechnet, was ihn das kostet und daß es billiger wäre, den Keller, da haben meine Eltern eine Bar und einen Hobbykeller, wo sie Fasching gefeiert haben, oder sowas, daß es halt billiger wäre den auszubauen, als mir ein Zimmer in einer Wohngemeinschaft, geschweige denn eine eigene Wohnung zu finanzieren. Da habe ich dann die Gelegenheit beim Schopfe gepackt, und zwar ganz schnell. Ich habe mich einverstanden erklärt, ohne langes Hin und Her, habe aber gleich gesagt, gut, dann bauen wir den Keller für mich aus, weil neben Michi zu wohnen, in meinem alten Kinderzimmer, das finde ich für die nächsten Jahre keine gute Idee. Dann laßt uns da unten lieber so ein kleines Apartment mit Kochnische und Bad einbauen, das kann ich mir gut vorstellen. Mein Vater hat schon am nächsten Tag Handwerker kommen lassen für Kostenvoranschläge und in sechs Wochen ziehe ich ein. Total geil. Das ist wie eine eigene Wohnung im Haus, und ich kann natürlich alles mit benutzen.
Michi ist schon ganz neidisch und ich bin heilfroh, daß ich nicht in einer WG hocke und mich rumätzen muß.
Ich hab aber auch mit meinen Eltern ausgemacht, daß ich da unten mein eigener Herr bin, ich will da Leute mitbringen können wann und wie oft und wie lange ich will. Weil ich finde, volljährig ist volljährig und jetzt, wo die Schule endlich fertig ist, will ich da auch was von haben, freiheitsmäßig, meine ich.« Klaus' Vater sieht die Sache mit dem erwachsenen Sohn, der noch im Haus lebt, lediglich unter ökonomischen Gesichtspunkten. Er besteht darauf, daß Klaus so lange im

Hause bleibt, bis er »in der Lage ist, sich seine eigene Existenz zu finanzieren. Da bin ich beinhart, wo kommen wir denn da hin, wenn so ein Bürschchen plötzlich ganz alleine leben würde. Das muß man doch ganz realistisch sehen. Sie glauben doch selber nicht, daß der Junge dann wirklich etwas für seine Lehre oder später für das Studium tut. Die Versuchung, sich in der Gegend rumzutreiben ist doch viel zu groß. Unsereiner ist doch auch nicht anders gewesen.
Natürlich hätte ich nicht die Hälfte von dem geschafft, wenn mein Vater nicht hinterher gewesen wäre, wie der Teufel hinter der armen Seele. Ich hab damals auch bei meinen Eltern wohnen müssen, bis ich halt so weit war, daß ich mir meinen Unterhalt selber verdienen konnte. Und ich sehe keinen Grund, warum wir das anders machen sollten. Ich finde die Ansprüche, die die jungen Leute so haben, in keiner Weise berechtigt. Wieso muß es gleich nach der Schule schon ein eigenes Auto und eine eigene Wohnung sein. Die sollen sich ruhig noch eine Weile unterordnen, bevor sie da mit großen Ideen von eigenem Luxus kommen.«

Ganz anders als ihr Mann beurteilt Klaus Mutter die Situation. Sie konnte den Wunsch des Sohnes, das elterliche Haus zu verlassen, sehr gut nachvollziehen. »Der Junge ist auf dem Papier erwachsen, da ist es doch völlig verständlich, daß er das auch in seinem täglichen Leben spüren möchte. Außerdem ist doch in dem Alter der eine oder andere Bereich auch schon sehr ausgeprägt, die jungen Leute wollen nicht mehr so leben wie ihre Eltern.
Klaus und mein Mann haben ausgemacht, daß der Junge da unten machen kann, was er will, aber ich kann mir nicht vorstellen, daß das auf die Dauer gutgeht. Die haben doch beide ihren Kopf und ich seh die schon aneinander rappeln, wenn unten z. B. ein Riesenkrach oder sonstwas ist.«

Die Mutter hätte lieber gesehen, wenn Klaus mit einem monatlichen Wechsel ausgestattet, eine eigene Wohnung bezogen hätte.» Nicht nur wegen den Auseinandersetzungen, die da vielleicht kommen, sondern, weil der Umbau da unten doch auch eine Menge Geld kostet. Ich weiß jetzt nicht genau, was mein Mann da gerechnet hat, aber bis das alles so ist, wie die beiden es sich vorstellen, von dem Geld kann der Junge lange leben. Vor allem denke ich, daß mein Mann sich irrt, was die Sache mit der Selbständigkeit angeht. Je länger der Junge bei uns ist, sich von uns kontrolliert, aber auch behütet fühlt, je länger dauert es, bis er so weit ist, daß er wirklich alleine sein kann und man eben keine Sorge haben muß, daß er nur herumlungert, statt was zu schaffen. Also ich bin ganz anders erzogen als mein Mann. Bei uns war eigentlich von frühester Kindheit an gefordert, daß man bestimmte Dinge übernahm und erledigte. Manchmal war es wirklich ganz schön hart, das hat meine Einstellung zu Klaus und Michi sicher auch geprägt. Ich habe immer gedacht, so lange sie klein sind, soll man sie nicht mit Verantwortungen überfordern. Die sollen ein schönes Kinderleben und eine schöne Jugend haben. Jetzt denke ich manchmal, daß ich bei Klaus vor allem oft zu großzügig gewesen bin. Also, wenn ich denke, wie selten er freiwillig mal was in der Küche oder überhaupt im Haushalt tut. Das kann ich an einer Hand abzählen. Bei der Michi bin ich ganz anders, furchtbar eigentlich, weil ich wollte die Kinder nie so unterschiedlich großziehen. Aber ich hätte bei Klaus einfach früher darauf achten müssen, daß er, was diese Sachen angeht, stärker eingebunden wird. Mein Mann tut schon nichts was Haushalt etc. angeht. Der steht auf dem Standpunkt, daß er das Geld ranholt und deswegen die anderen Arbeiten mir überlassen sein sollten. Ich habe das am Anfang auch akzeptiert, aber wenn ich jetzt manchmal sehe – wir sind ja doch ein nicht gerade kleiner Haushalt,

die Freunde der Kinder mal mitgerechnet – dann denke ich mir, wenn die anderen wieder mal alle vor dem Fernseher sitzen und ich die x-te Waschmaschine anstelle und den Trockner belade, wieso eigentlich immer ich. Ich sehe schon, daß das mein Fehler ist, das Problem ist einfach, daß ich jetzt nicht weiß, wie ich das wieder verändern soll, ohne daß es einen Riesenstreß gibt.
Natürlich habe ich mit dem Klaus darüber geredet, daß er da unten sein Reich selber in Ordnung halten muß. Das ist doch wohl gar keine Frage, theoretisch meine ich. Aber ich kann Ihnen ganz genau sagen, wie es endet. Ich werde putzen und wie heute auch die Wäsche vom Fußboden aufsammeln. Und ich muß leider ganz klar sagen, daß es mein eigener Fehler ist, daß das so laufen wird, denn ich hätte einfach vorher sturer sein müssen, was das Verteilen von bestimmten Aufgaben angeht.
Aber wer Kinder hat, weiß das genauso gut wie ich. Man sagt es zwanzigmal und beim einundzwanzigsten Mal macht man es dann lieber selber, weil es zu mühsam ist. Und weil die sich auch streckenweise blöd anstellen und so tun, als ob sie bestimmte Dinge einfach nicht könnten. Dabei weiß ich natürlich ganz genau, daß sie sie fabelhaft erledigen könnten, aber es ist ja so viel einfacher, wenn man eine Mutter hat, die alles für einen erledigt.«

In der Familie hat ganz offenkundig der Vater das Sagen. Obwohl Klaus' Mutter sich der Schwierigkeiten und partiellen Unselbständigkeiten ihres Sohnes durchaus bewußt ist, kann sie sich gegen die von finanziellen Überlegungen bestimmten Argumente ihres Mannes nicht durchsetzen. Ihre Einschätzung der eigenen Person, nämlich, daß sie z. B. Klaus auch den Haushalt führen und organisieren wird, wenn er sein eigenes Apartment im Elternhaus bezogen hat, ist ebenso realistisch, wie ihre Erkenntnis, daß es sich dabei um einen Fehler handelt. Unter dieser Voraussetzung wird Klaus Kind im Hause bleiben und die von der Mutter avisierte Selbständigkeit bezüglich der Versorgung etc. wird sich zunächst nicht entwickeln. An Stelle größerer Unabhängigkeit und Eigenverantwortung treten vermutlich bestenfalls größere Privilegien, um die der junge Mann sich auch jetzt schon mehr Gedanken macht, als um alles andere. Seinen ursprünglichen Wunsch, mit Freunden gemeinsam eine Wohngemeinschaft zu gründen hat er sehr schnell begraben und zu Gunsten des luxuriösen Angebotes seines Vaters verworfen.

Der Vater seinerseits wird im Zweifel, anders als verabredet und wie von seiner Frau prognostiziert, weitergehend in das Leben seines Sohnes eingreifen wollen. Hier ist ein Konfliktpotential spürbar, das möglicherweise schon sehr kurzfristig dazu führen kann, die Situation neu zu überdenken.

Ob und inwieweit sich Klaus der Autorität seines Vaters beugen wird, ist eine Frage des Druckes, der auf ihn ausgeübt werden wird.

Klaus' Vater allerdings wird sich im Laufe der Zeit überlegen müssen, ob sein Sohn die von ihm erwarteten Leistungen erbringen und Entwicklungen durchmachen kann, wenn er ihn in dieser Form von Abhängigkeit hält.

»Ich schalte die Ohren auf Durchzug.«

Isabella D., 20 Jahre, Schülerin
Karen D., 43 Jahre, Bankangestellte

Isabella steht kurz vor dem Abitur. Das bedeutet, daß sie spätestens in sechs Monaten mit der ihr ziemlich verhaßten Schule fertig sein wird. Isabella lebt seit der Scheidung ihrer Eltern, vor fast zwölf Jahren, allein mit ihrer Mutter in einer Dreizimmerwohnung. Der Vater wohnt einige Hundert Kilometer weit weg, Isabella sieht ihn regelmäßig und hat »ein echt super« Verhältnis zu ihm. »Mit meinem Daddy komme ich ganz toll aus.

Der ist zwar nicht jeden Tag für mich erreichbar gewesen, als ich noch jünger war, aber wann immer ich ihn angerufen und um Zeit oder ein offenes Ohr gebeten habe, war er da für mich.

Er hat uns damals verlassen, also, was heißt uns, meine Mutter hat er verlassen. Und ich muß ganz ehrlich sagen, das kann ich gut verstehen. Meine Mutter ist unsagbar besitzergreifend. Mit ihr zu leben, ist wirklich eine Art Dauerbelastungstest.

Es hat Zeiten gegeben, da wäre ich tausendmal lieber bei meinem Vater gewesen, aber ich hatte halt hier auch meine ganzen Freunde und deshalb bin ich im Endeffekt doch immer wieder friedlich geblieben und habe mich dreingeschickt. Ich hab halt auch immer das Gefühl gehabt, wenn ich achtzehn bin, kann ich ausziehen. WG-mäßig, das würde mir gut gefallen. Aber leider klappt das mit der Kohle nicht. Ich hab meinen Vater auf Knien gebeten, mir doch den Tausender, den er meiner Mutter monatlich für mich gibt, einfach selber zu geben. Kein Weg. Er steht auf dem Standpunkt, daß ich bis die Schule fertig ist, zu Hause wohnen soll. So oft waren sich die beiden – also meine Eltern – wirklich total uneinig, aber wenn es um solche Sachen geht oder ging, standen sie immer wie eine Wand vor mir.

Und das, obwohl mein Vater ganz genau weiß, daß ich eigentlich nicht bei meiner Mutter leben kann, die ist wirklich zum Wahnsinnigwerden. Nichts, aber auch gar nichts, was in dem Haushalt nicht hundertprozentig so gemacht wird, wie sie das haben will. Und ich sage Ihnen, das fängt beim Speiseplan für die Woche an und hört bei ihrer sogenannten Gemeinschaftsordnung auf. Wenn ich das Wort schon höre wird's mir ganz anders. Alles, aber auch alles muß mit Plänen und Listen durchorganisiert werden.

Ich hab wirklich oft den Tag verflucht, an dem das Papier und der Bleistift erfunden wurden. Meine Mutter kann nichts so einfach mal dem Tag überlassen. Einfach ganz spontan irgendwas machen oder einkaufen, oder was weiß ich. Seit ich mich erinnern kann, sitzt sie am Sonntag in der Küche, diesen Block vor sich und will einen Plan machen, wie wir die Woche einteilen. Da wird dann aufgelistet, wer mit Badsaubermachen dran ist, wer einkauft, wer kocht und vor allem, was gekocht wird.

Dann geht sie durch die Schränke und guckt, was an Vorräten neu gekauft werden muß, also, ob noch Zucker und Klopapier da ist, und so und das kommt dann in eine spezielle Rubrik.

Natürlich haben wir auch ein Haushaltsbuch, da wird ganz genau Pfennig für Pfennig eingetragen, was wir ausgeben, und am Ende des Monats wird das Ergebnis mit dem des Vormonats verglichen. Ich habe ja im Prinzip gegen all diese Sachen nichts, ich habe nur keine Lust, sie alle mitzumachen. Das ist furchtbar, wenn man nicht so veranlagt ist. Ich gehe gerne einkaufen zum Beispiel, aber nicht nach dem Motto:

Wir haben Sonntag beschlossen, daß es Freitag überbackenen Blumenkohl gibt, also gibt es überbackenen Blumenkohl. Und zwar auch dann, wenn der Rosenkohl die Woche vielleicht viel schöner ist, oder vor allem auch dann, wenn ich vielleicht gar keine Lust auf Blumenkohl habe, sondern einen großen Salat viel lieber essen will.
Ja, das war halt auch der Grund, warum mein Vater damals weg ist, also zumindest einer der Gründe. Wie gesagt, seit ich achtzehn bin, suche ich irgendwas, wo ich wohnen könnte, aber mit meiner Kohle ist das völlig ausgeschlossen. Alles was so angeboten wird zu einem Preis, den ich mir irgendwie leisten könnte, ist unter uns einfach abartig. Also in solchen Löchern will ich schließlich auch nicht leben.
Die Wohnung von meiner Mutter ist kein Palast mit den drei Zimmern, aber sie hat sie schon so eingeteilt und vor allem auch zurecht gemacht, daß sie total gemütlich ist. Wir haben jeder unser eigenes Zimmer und benutzen das Wohnzimmer, die Küche und das Bad gemeinsam.
Mein Zimmer ist größer, als das von meiner Mutter, das kommt noch aus der Zeit, als ich Kind war und meine Mutter nicht wollte, daß ich mit Freunden im Wohnzimmer spiele. Von daher kann ich nicht meckern. Nah an der Stadt, nicht weit zur Schule, alles so, wie's sein sollte, aber das Theater jeden Tag kann es einem wirklich verleiden.
Um in irgendein Loch zu ziehen, dazu ist nun doch nicht genug Streß, ich will ja nicht unbedingt gleich eine eigene Wohnung, die so schnuckelig ist, wie unsere hier, aber ein bißchen was Nettes müßte es schon sein. Und bis ich das gefunden habe, schalte ich die Ohren auf Durchzug und hoffe, daß sie mich nicht zu sehr nervt.«

Isabellas Mutter weiß aus vielen Auseinandersetzungen genau über die Einstellung ihrer Tochter Bescheid. Sie ist sich

»völlig im klaren darüber, daß Isa streckenweise unzufrieden ist. Aber was soll ich machen. Ich arbeite den ganzen Tag und finde einfach, daß das bißchen Freizeit, das ich habe, nicht damit ausgefüllt werden muß, daß ich mich ärgere, weil irgendeiner von Isas Feunden das Bad wieder nicht ordentlich hinterlassen hat, oder ausgerechnet, wenn ich mir ein Brot machen möchte, keine Butter und keine Wurst da ist. Deshalb haben ich das so streng reglementiert. Ich kenne doch meine Tochter, sie ist wie ihr Vater, immer voller spontaner Ideen und nur nichts im Voraus festlegen. Das Problem ist nur, daß sie dann natürlich auch bestimmte Dinge total vergißt, wenn ich sie nicht zehn ach, was sage ich, hundertmal daran erinnere. Ich werte das ja gar nicht als Katastrophe, aber ich sehe auch nicht ein, warum ich unbedingt diejenige sein soll, auf deren Rücken es ausgetragen wird. Ich hab's gerne kuschelig zu Hause und da gehört für mich eine bestimmte Sauberkeit und ein gefüllter Kühlschrank dazu. Und ich finde wirklich nichts Schlimmes dabei, wenn man sich das so organisiert, daß es funktioniert. Isabella würde sich nichts merken, wenn ich diese Pläne nicht machen würde. Das muß ich sagen, es hat nichts mit ihr zu tun, aber Kinder, auch wenn sie erwachsen sind, halten die Eltern, oder in unserem Fall halt die Mutter dafür zuständig, daß der Kühlschrank gefüllt ist und die Wäsche ordentlich gewaschen wird. Und ich sehe das nicht ein. Ich habe das selbstverständlich immer gemacht, solange sie klein war. Also am Anfang, als mein Mann wegzog, mußte sie wirklich nichts tun, mal was einholen, oder sich um den Abfall kümmern, aber im Prinzip wirklich keine Aufgaben, die sie nicht hätte bewältigen können und je älter sie wurde, um so mehr mußte sie natürlich machen. Mir kann kein Mensch sagen, daß ich als voll berufstätige Frau, dafür zu sorgen habe, daß meine zwanzigjährige Tochter, die noch zur Schule geht, alles zur Verfügung hat, was sie möchte.

Isabella kann nichts dafür, daß sie jetzt erst mit der Schule fertig wird, sie hat damals, als wir uns trennten, große Schwierigkeiten gehabt, und ich habe sie dann das eine Jahr wiederholen lassen.

Wenn es funktionieren würde, hätte ich nichts dagegen, wenn ich eine Woche den Haushalt mit allem machen würde und in der nächsten Woche Isa, aber wie gesagt, es funktioniert nicht. Da bleibt dann die Wäsche liegen, oder die Zahnpasta wird vergessen, oder was weiß ich. Ich verstehe auch nicht, warum das bei uns immer wieder Thema ist. Wenn Isa nämlich wirklich in eine Wohngemeinschaft zöge, so wie sie es immer vorhat, was meinen Sie, was sie da zu tun hätte. Da gibts das doch auch nicht, das einer alles und einer gar nichts macht.

Vor einem halben Jahr haben wir einen echten Krach deswegen gehabt. Isa hatte eine Wohnmöglichkeit gefunden, hätte aber sehr viel mehr Geld dafür gebraucht, als ich ihr geben kann. Ganz abgesehen davon, daß ich wie mein geschiedener Mann auf dem Standpunkt stehe, daß es ganz gut ist, wenn sie bis zum Abitur noch zu Hause ist. Auf jeden Fall war sie außer sich und hat sich furchtbar aufgeregt, daß ich nicht den finanziellen Rahmen bieten will oder kann, den sie für ihr Wohnprojekt gebraucht hätte. Da habe ich ihr klipp und klar gesagt, daß ich mir nicht das Leben von ihr zur Hölle machen lasse, und daß sie gerne ausziehen kann und zwar sofort. Das Geld, was sie bekommt, bemessen wir am Bafögsatz für Schüler, und dann ab die Post. Ich lasse mir bestimmte Dinge einfach nicht gefallen, und so lange sie so leben möchte wie ich mir das für uns beide leisten kann, darf sie gerne hierbleiben bis die Schule fertig ist, danach muß man sowieso erstmal sehen, was sie machen will.

Eines ist allerdings klar, und das wissen wir auch beide, wir sind nicht die optimale Wohngemeinschaft und deshalb plä-

diere ich sehr dafür, daß Isa sich nach der Schule wirklich schnell was sucht.
Ich glaube einfach auch, daß das für unser beider Verhältnis ganz wichtig ist, denn eigentlich haben wir uns gern und reden auch gern miteinander, aber wir geraten halt öfter als nötig aneineinander, weil wir uns immer über meine »Organisationsmacke«, wie sie es nennt, und über ihren »Traum vom Chaos«, wie ich es nenne, streiten. Ich kann nur sagen, ich hoffe wirklich sehr, daß wir irgend etwas Erschwingliches finden, denn die Preise sind ja so idiotisch hoch, daß das vermutlich gar nicht so einfach werden wird. Und im Zweifel wird Isabella sich an den Gedanken gewöhnen müssen, daß sie bei ihrem ersten eigenen Zuhause, egal, wie das nun aussieht, halt ein paar Abstriche machen muß. Ich hab auch nicht gleich als erstes eine Wohnung wie diese gehabt, nicht mal mit meinem Mann am Anfang, und da haben wir beide schon verdient.«

Isabella lehnt sich völlig im Rahmen des Normalen gegen ihre Mutter auf. Die verschiedenen Mentalitäten der beiden führen zu einem Konfliktpotential, das nur durch klare Abgrenzung zu lösen sein wird. Mit ihren 20 Jahren ist Isabella, wenn auch noch sehr jung, so doch seit zwei Jahren volljährig und damit vor dem Gesetz erwachsen. Dieses Erwachsensein möchte sie gerne leben und just darin fühlt sie sich von ihrer Mutter beschränkt. Deren Argumente sind nichts desto trotz mehr als verständlich. Ohne die Methode, mit der sie offenbar den Haushalt organisiert, zu werten, muß man sagen, daß es natürlich für sie nicht einfach sein kann, den, was sie »Traum vom Chaos« ihrer Tochter nennt, zu akzeptieren. In den vergangenen zwölf Jahren war sie für die Versorgung von Isabella zuständig und hat sich ein System aufgebaut, mit dessen Hilfe sie sich in ihrer Rolle als alleinerziehende

und voll berufstätige Mutter zurechtfinden konnte. Jetzt sieht sie sich in der für sie bedrohlichen Situation, daß die Tochter dieses System nicht nur in Frage stellt, sondern rundum ablehnt. Karens bis dahin funktionierende Ordnung ist dementsprechend gefährdet. Sie reagiert darauf mit noch strikteren Bedingungen.
Dennoch verhindert sie gemeinsam mit ihrem früheren Mann bis dato Isabellas Auszug, mit der Begründung, Isabella müsse erst die Schule fertig machen und dann entscheiden, was sie im Anschluß daran tun möchte, bevor ihr die nötigen Mittel zur Verfügung gestellt werden. Unabhängig von der mütterlichen Sorge, die sie sicher hegt, fürchtet Karen natürlich mit dem Auszug der Tochter um ein entscheidendes Element ihres bisherigen Lebens. Das hat sie nämlich – wenn auch streng reglementiert – einzig um Isabella herumgebaut. Mit dem Fortgang der Tochter würde der Kern plötzlich fehlen.
Isabella fühlt, daß die Mutter allen Auseinandersetzungen zum Trotz, in gewisser Weise auf sie angewiesen ist. Mit ein Grund dafür, daß sie auch in ausgesprochen schwierigen Zeiten nie den immer angestrebten Schritt getan hat, sondern unter Verweis auf mangelndes Geld und nicht adäquate Wohnbedingungen letztendlich ihr Leben gemeinsam mit der Mutter weiterführte.
Die Tatsache allerdings, daß sie sich in Schüben auch aktiv mit dem Thema beschäftigt, zeigt, daß es wirklich nur eine Frage der Zeit ist, bis sie sich löst.
Karen wird dann feststellen, daß sie wie manche alleinerziehende Mutter unbewußt einen Teil ihres eigenen Lebens aufgegeben und durch die Tochter hat ersetzen lassen.

»Ich wollte auf gar keinen Fall weg.«

Daniela G., 23 Jahre, Friseuse
Gerhard G., 49 Jahre, Außendienst, Autohersteller
Cordula G., 47 Jahre, Sprechstundenhilfe Veterinärpraxis
Enkelkind, 4 Jahre

Daniela arbeitet als gelernte Friseuse in einem Salon unweit des Wohnhauses ihrer Eltern.
Nach der mittleren Reife sucht sie längere Zeit verzweifelt eine Lehrstelle als Friseuse. Der Berufswunsch entspricht zwar nicht dem, was die Eltern sich für ihre Tochter vorgestellt hatten, – beide hätten die Tochter lieber in einer kaufmännischen Ausbildung gesehen – dennoch unterstützen sie das Mädchen nach Kräften auf der Suche nach einem Platz. Im Taunus ist das zum damaligen Zeitpunkt nicht möglich, so daß sie schließlich gegen das was sie eigentlich wollen und für richtig halten, dazu übergehen auch auf andere – weiter entfernt gelegene – Städte auszuweichen.
Nach fast einem Jahr enervierenden Wartens auf Reaktionen auf die vielfältigen Bewerbungen, die bis dahin ausnahmslos abschlägig beschieden worden waren, kommt eine Zusage aus München, 450 km von Danielas Wohnort entfernt.
»Ich wollte auf gar keinen Fall von zu Hause weg und meine Eltern wollten genauso wenig, daß ich in eine andere Stadt gehe, aber was will man machen. Ich mußte langsam anfangen auch was zu tun, ich war es auch irgendwie leid, immer nur zu Hause zu sitzen und mir die Briefe durchzulesen, die mich ablehnten. Na, und dann haben wir uns halt entschieden, daß ich dahin gehe und irgendwo privat unterkomme, denn der Meister hatte keine Möglichkeit, mich unterzubringen.«

Danielas Eltern werden eigeninitiativ und schaffen es auf die Entfernung mittels mehrerer Zeitungsannoncen, ein älteres Ehepaar zu finden, dem sie ihre Tochter gerne anvertrauen. Die eigenen Kinder der Familie sind schon aus dem Hause und die beiden freuen sich, das junge Mädchen bei sich zu haben. Einzige Bedingung ist, daß Daniela von Zeit zu Zeit ein wenig im Haushalt oder beim Einkaufen hilft. Dafür ist das Geld, das sie an Stelle einer Miete zu bezahlen hat, für Münchener Verhältnisse sehr gering und vor allem – und das ist ihren Eltern ganz wichtig – sie ist beaufsichtigt und lebt mit ihren siebzehn Jahren nicht allein in einer fremden Stadt.

»Wir haben uns so schwer getan, ihr überhaupt zu erlauben, diese Stelle anzunehmen, weil wir eigentlich auf gar keinen Fall wollten, daß sie zu dem Zeitpunkt aus dem Elternhaus geht; sie war ja noch minderjährig.«

»Ich hab solches Heimweh gehabt, das kann man sich gar nicht vorstellen, eigentlich war das viel zu früh für mich, und wenn die Mutti nicht eine Möglichkeit gefunden hätte, daß ich bei Leuten wohnen kann, ich weiß nicht, was ich gemacht hätte. So ging es, weil vor allem die Frau echt nett war, nicht, daß sie mir die Mutti ersetzen konnte, aber es war halt wie zu Hause, daß man abends heimkam und nicht allein war.
Dann haben die eigentlich auch ganz schnell angefangen, immer für mich mit zu kochen, und dann hat's wirklich nicht lange gedauert, und ich war wie zu Hause. Der einzige Nachteil war, daß ich so keine Leute in der fremden Stadt kennengelernt habe. Weil ich jeden Abend wie nach Hause gegangen bin.«

Dieser Zustand dauerte etwa ein Jahr, Daniela lebte bei dem Ehepaar, kommt mehr oder weniger jeden Abend nach Geschäftsschluß brav nach Hause und arbeitet tagsüber an ihrer Lehre.

Bis in dem Salon, in dem sie ihre Ausbildung macht, ein junger Friseur engagiert wird, in den sie sich verliebt. Daniela verändert sich und ihren Lebensrhythmus schlagartig. Sie verbringt viel Zeit mit dem jungen Mann, übernachtet auch in seiner Wohnung und schränkt ihre bis dahin regelmäßigen Fahrten zu den Eltern merklich ein. Das Gastehepaar ist beunruhigt, und als Daniela den Jungen eines Abends mit in ihr Münchener Zuhause bringt und den Gasteltern eröffnet, er werde die Nacht dort mit ihr verbringen, streiken diese. Daniela schnürt ihr Bündel und verschwindet noch am selben Abend. Sie zieht in der Wohnung ihres Freundes ein. Die erste Sorge der Eltern, Daniela könnte frischverliebt ihre berufliche Ausbildung vernachlässigen, bestätigt sich nicht. Pünktlich und zuverlässig ging sie auch während der kommenden Monate zur Arbeit. Regelmäßig besucht sie ihre Eltern an den freien Sonn- und Montagen, so daß die Eltern sich beinahe schon daran gewöhnen wollten, daß ihre Tochter mit einem jungen Mann zusammenlebt, als Daniela nach ziemlich genau drei Monaten mit all ihren Koffern vor der Tür stand.

»Ich hab gedacht, ich werd nicht mehr«, sagt die Mutter und schüttelt, das Bild der Tochter vor Augen, den Kopf. »Ich habe gleich gewußt, mit unserer Daniela ist was nicht in Ordnung, man kennt doch sein Kind. Und als sie dann reingekommen war, habe ich sie erst mal ganz in Ruhe gelassen. Weil da ist sie wie ich, ich erzähle auch nichts, wenn ich dazu gezwungen werde. Mir muß man Zeit lassen, wenn's dann was zu sagen gibt, komme ich schon irgendwann von ganz alleine. Und so ist die Daniela auch.

Na, bis zum Abendessen hat's gedauert, dann kam sie damit raus, was mich ja gewundert hat, weil der Papa auch dabei war. Und sonst wenn mal was war, hat sie es eigentlich immer mir zuerst erzählt, aber diesmal gleich uns beiden zusammen. Schwanger war sie halt, und der Freund hat gleich gesagt, das Kind will er nicht, sie soll's abtreiben. Aber da hat der unsere Dani schlecht gekannt, die tät sowas im Leben nicht; nicht nur weil wir praktizierend katholisch sind, das käm bei uns einfach nicht in Frage. Und so hat sie auch reagiert. Nochmal mit ihm geredet und dann ist sie gegangen, hat ihren Koffer gepackt und ist heimgekommen.«
Mutter und Vater waren natürlich nicht besonders erfreut über die Neuigkeiten, die ihre Tochter aus München mitbrachte. Beide reagierten dennoch im Rahmen des Möglichen souverän und vor allem, ohne Daniela mit unnötigen und vor allem sinnlosen Vorwürfen zu konfrontieren.
Noch am selben Abend beschließt die Familie einstimmig, daß Daniela das Baby bekommen und sich bis zur Entbindung bei ihren Eltern aufhalten wird. Danach soll sie sich dann irgendwo in der Nähe eine kleine Wohnung suchen und ihrem gelernten Beruf nachgehen.
Daniela nistet sich wieder in ihrem Mädchenzimmer ein. Die Eltern, vor allem die Mutter, beginnen schon jetzt mit der Suche nach einer Wohnung und vor allem nach einer neuen Arbeitsstelle. Die Wohnungssuche entpuppt sich als wesentlich einfacher, als der Arbeitsplatz.
Jedesmal, wenn eine Wohnung schön, preislich angemessen und auch noch in der richtigen Gegend ist und Daniela sie trotz der erschwerten Bedingung »alleinstehend mit Kind« auch bekommen könnte, zuckt sie zurück, mit dem Argument, sie könne keine finanziellen Verpflichtungen übernehmen, bevor sie nicht wisse, wie es mit ihrer beruflichen Existenz weitergeht.

Der Tag der Geburt rückt deutlich näher und es ist noch kein Job gefunden. Danielas Mutter räumt das kleine Gästezimmer, neben Danielas Zimmer und beginnt provisorisch ein Kinderzimmer mit dem Nötigsten auszustatten.
Trotz ihres Engagements weist sie die Tochter immer wieder darauf hin, daß sie auf keinen Fall möchte, daß Daniela sich wirklich wieder im Elternhaus etabliert.
»Die Daniela hat Pech gehabt, vielleicht sind auch mein Mann und ich mit Schuld daran, weil wir sie so früh haben ausziehen lassen, aber damals habe ich wirklich fest geglaubt, daß das richtig ist.
Wie dem auch sei, dann kam halt die Sache mit dem Baby; es ist ja selbstverständlich, daß wir unserer Tochter in so einer Situation beistehen, dafür sind wir ja ihre Eltern, aber ich möchte ganz sicher nicht noch einmal ein Kind großziehen, so wie ich es mit Daniela gemacht habe.
Mit ein Grund, warum Daniela Einzelkind ist, ist gewesen, daß ich immer gesagt habe, daß ich weiterarbeiten möchte (Sprechstundenhilfe in einer Veterinärpraxis) und einfach das Gefühl hatte, ein Kind ist richtig für mein Leben, aber nicht zwei oder sogar noch mehr. Ich finde auch, daß man heute keine Kinder mehr bekommen muß, die man sich nicht wirklich gewünscht hat.
Schließlich gibt es genug verhütende Mittel.«
Daniela hat das Kind – eine Tochter – inzwischen längst bekommen und wohnt noch immer bei ihren Eltern. Sie gibt von dem was sie verdient einen Teil ab und beteiligt sich damit an den Kosten, die entstehen; aber sie weigert sich mehr oder weniger deutlich, sich eine eigene Wohnung zu suchen, so wie sie es ursprünglich mit ihren Eltern ausgemacht hatte.
Danielas Mutter ist inzwischen regelrecht wütend über das eigennützige Verhalten ihrer Tochter. »Nicht daß ich was ge-

gen mein Enkelchen hätte, wirklich nicht, im Gegenteil. Die Kleine ist eine große Freude für mich und meinen Mann. Aber ich habe von Anfang an gesagt, daß ich nicht noch einmal ein Kind aufziehen möchte und jetzt bleibt es natürlich doch zu einem großen Teil an mir hängen, und das nicht nur, wenn die Daniela abends mal weggehen will. Natürlich nehme ich die Kleine dann. Aber das ist eigentlich genau das, was ich nie wollte. Ich habe das alles schon einmal gemacht, und ich will die Selbstverständlichkeit nicht Nach dem Motto, sie schläft jetzt, und ihr seid doch sowieso da, denn gehe ich nochmal kurz weg, es wird schon nichts sein. Es ist eben einfach etwas anderes für mich, ob Daniela da ist, oder ob ich aufpassen muß und ein Ohr auf die Kleine haben muß. Deswegen habe ich auch so vehement versucht, für die beiden eine Wohnung zu finden. Nicht daß ich mich nicht um das Kind kümmern wollte, das ist nicht der Punkt, aber ich fühle mich ausgenutzt, ja, regelrecht ausgenutzt, das ist das richtige Wort. Die Daniela kommt im Prinzip wie und wann sie will. Und mein Problem ist, daß ich sie verstehen kann. Das mit dem Kind ist natürlich nicht so gelaufen, wie wir alle es uns gewünscht hätten, und sicher ist sie eine junge Frau, die gerne ein bißchen Spaß haben möchte, aber dennoch finde ich, daß sie das nicht auf meine Kosten tun darf. Wann immer ich einkaufen gehe, hat Daniela irgendeine Bitte, was ich ihr mitbringen soll. Das Kind bringt natürlich einfach dadurch, daß es da ist, den Haushalt etwas durcheinander, es verändert ihn natürlich ganz stark. Und das ist eben etwas, was ich eigentlich nicht wollte.
Ich habe nichts dagegen, Großmutter zu sein, aber ich möchte es freiwillig ausüben und nicht zwangsweise.«

Danielas Vater findet es ganz nett, daß die Tochter wieder im Hause ist, auf diese Weise käme doch wieder Lebendigkeit ins Dasein des Ehepaares. Er findet, daß seine Frau ein wenig empfindlich ist, was die Auseinandersetzung mit der eigenen Tochter angeht, gibt aber zu: »daß ich selber wirklich mit dem Alltag nicht genug zu tun habe, als daß ich beurteilen könnte, wieviel Arbeit es nun wirklich ist. Wenn die Daniela mal weggeht und uns bittet, auf die Kleine ein Auge zu haben, dann ist es natürlich immer meine Frau, die aufsteht, wenn da irgendwelche Geräusche aus dem Kinderzimmer kommen.«

Daniela selber fühlt sich völlig zu unrecht von ihrer Mutter angegriffen; »ich verstehe das Geschrei von Mutti nicht. Sicher, eines muß man den beiden Eltern lassen, als ich vor vier Jahren hier vor der Tür stand und beichten mußte, daß ich ein Baby erwarte und keinen Vater dazu habe, da haben sie sich toll benommen. Wieviele andere hätten da Terz gemacht? Also insofern kein Wort gegen meine Eltern. Aber jetzt, es ist auch mehr die Mutti, die sich da offensichtlich überfordert fühlt, dabei mache ich wirklich nicht im entferntesten das, was sie mir vorwirft. Es ist einfach nicht wahr, daß ich sie in irgendeiner Form mißbrauche oder zu irgend etwas zwinge, was sie nicht will. Wenn ich mir angucke, wie verrückt sie nach der Kleinen ist und vor allem, wie sehr sie sich einmischt. Das ist für mich auch nicht immer ganz einfach, wenn sie kommt und mir ständig sagt, was richtig und was falsch ist. Oder wo ich strenger und wo ich weniger streng sein soll. Aber davon mal abgesehen, ich weiß nicht, was sie hat. Es ist doch ganz klar in unser aller Interesse, daß wir zusammenwohnen. Die Eltern haben uns beide und das ist doch im Zweifelsfall viel amüsanter, als wenn sie allein leben würden, und ich habe jemanden, der es von Zeit zu Zeit möglich macht, daß ich auch mal das Haus verlasse.
Wenn ich eine eigene Wohnung hätte, würde ich doch auch

hier in der Nähe wohnen und was meinen Sie, wen ich da holen würde zum Babysitten, natürlich die Mutti. Aber das wäre dann viel mehr Streß. Ich müßte sie dann wahrscheinlich abholen und wieder heimbringen, und so sind wir alle unter einem Dach und können das alles viel unkomplizierter machen. Und was sie immer sagt, wegen einkaufen und solchen Sachen. Da wollen wir doch die Kirche mal im Dorf lassen. Natürlich frage ich sie ab und an, ob sie mir was mitbringt, grad so die Sachen für die Kleine, die sie eben nicht automatisch kauft, aber was ist denn da so schlimm dran? Schließlich geht sie doch sowieso in den Supermarkt oder wohin auch immer, und ich müßte sonst extra in der Mittagspause oder nach dem Geschäft oder irgendwie zwischendurch noch rasen, damit ich das Zeug kriege. Dafür mache ich doch auch oft genug den Wochenendeinkauf mit meinem Wagen, damit sie das nicht alles tragen muß. Und was das Wohnen angeht, ich habe mein Zimmer, das ich als Kind schon in diesem Haus bewohnt habe, und die Kleine hat ein winziges Kinderzimmer, da wo früher unsere Gäste geschlafen haben und wo die Mutti gebügelt hat. Wenn jetzt mal Leute da sind, hole ich die Kleine einfach zu mir und die können da auf der Couch wunderbar pennen, also von daher geht wirklich nichts verloren. Und daß ich kein Wohnzimmer habe, stört mich überhaupt nicht höchstens vielleicht die Sache mit dem Bad. Ein Bad für uns alle, und noch dazu ein kleines, das ist nicht viel, vor allem wenn man morgens früh in Eile ist. Aber da sag ich mir, man kann auch nicht alles haben und ich von meiner Warte seh das wirklich so, daß es für mich und für die Eltern ein Gewinn ist, daß die Kleine und ich da sind.«
Daniela kann sich selbstverständlich vorstellen: »irgendwann mal eine eigene Wohnung zu haben. Ich habe ja die Hoffnung auch noch nicht aufgegeben, daß ich irgendwann trotz der Kleinen noch mal einen Mann finde, mit dem ich

eine gemeinsame Zukunft aufbauen kann. Es kann ja eigentlich nicht sein, daß ich ein Leben lang alleine bleibe, oder? Mein Problem ist halt einfach, daß ich nicht gerne alleine bin. Ich kann das auch nicht gut. Vielleicht weil ich es nie gelernt habe. Aber die Vorstellung, daß ich abends nach Hause komme, mich einen Moment mit der Kleinen beschäftige und sie dann ins Bett bringe und das wars dann für den Tag, damit kann ich nicht gut umgehen, deshalb bin ich auch total froh, daß ich noch bei den Eltern sein kann, weil da immer jemand ist, wenn ich heimkomme.«

Daniela ist ein typisches Beispiel für eine junge Frau, die zwar bereits die Verantwortung für ein eigenes Kind zu tragen hat, aber nicht wirklich erwachsen genug dafür ist. Sie scheut, die echten Konsequenzen für ihre Entscheidung, die Tochter zur Welt zu bringen, zu tragen und zieht sich hinter ihre Eltern zurück. Nur in ihrer Familie fühlt sie sich sicher und stark genug, um mit dem Alltag fertig zu werden. Darüber hinaus ist ihr die rein faktische Belastung, die Kind und Beruf mit sich bringen, offenbar zu viel. Durch die Hilfe, die ihre Eltern ihr gewähren, entfällt ein Großteil dessen, was sie sonst alleine leisten müßte.

Ihr Argument, daß sie auch eine eigene Wohnung nur in der Nähe des Elternhauses beziehen würde, zeigt, daß sie sich gar nicht in der Lage fühlt, ihr Leben, so wie es sich entwikkelt hat, eigenverantwortlich zu gestalten.

Natürlich hat sie bereits ohne die Eltern gelebt, aber eben doch nie allein. Das ältere Ehepaar, bei dem sie während ihrer Ausbildung gewohnt hat, bot innerhalb kurzer Zeit einen vollwertigen Ersatz für die Bequemlichkeiten, die sie von zu Hause kannte. Sie wurde versorgt und hatte bei Bedarf immer einen Ansprechpartner. Was die kurze Zeit des gemeinsamen Lebens mit dem Vater ihrer Tochter betrifft, so darf sie als Ausbruchsversuch, wie er in diesem Alter völlig normal

ist, gewertet werden. Daniela hätte vermutlich in einem vergleichbaren Fall, wenn sie noch zu Hause gelebt hätte, nicht so vehement reagiert. So nutzte sie unbewußt die Tatsache, daß die Leute, bei denen sie lebte, eben nicht ihre Eltern waren und konnte leichter – gewissermaßen innerlich – mit dem Fuß aufstampfen und ausziehen.
Daß sie zunächst wieder nach Hause zurückkehrte, ist im Hinblick auf die emotionale Verunsicherung, in der sie sich befand, leicht nachzuvollziehen. Ihr Verhalten heute ist sicher eine Mischung aus dem von der Mutter vorgeworfenen Eigennutz und ein Zeichen für ihre immer noch bestehende Unsicherheit. Auch die Tatsache, daß sie die eigene Wohnung eigentlich vom Kennenlernen eines Mannes, mit dem sie dann eine »richtige« Familie bilden kann, abhängig macht, zeigt, daß sie trotz ihres Alters und des Faktums, daß sie selbst schon Mutter ist, in erster Linie noch Kind ist.
Für Danielas Eltern ist die Situation nicht einfach. Der Vater hält sich bedeckt und die Mutter artikuliert zwar ihr Unbehagen im Detail, hat aber auch nicht die Kraft und die vielleicht notwendige Härte, ihre Ansprüche wirklich durchzusetzen. Zum einen macht sie sich retrospektiv Vorwürfe, weil sie seinerzeit zugestimmt hat, daß die Tochter das Haus verläßt, um nach München zu gehen, zum anderen liebt sie sowohl die Tochter als auch das Enkelkind und empfindet sich – wenn auch widerstrebend – in die Pflicht genommen. Sie fühlt sich mitschuldig an der Situation ihrer Tochter und versucht durch das, was Daniela als Einmischen bezeichnet, einen Teil dieser empfundenen Mitschuld zu tilgen.

»*Warum soll ich denn gehen?*«

Alexandra B., 18 Jahre, wartet auf Studienplatz
Kurt B., 54 Jahre, Im- und Export Unternehmen
Angela B., 40 Jahre, Hausfrau

Alexandra B. ist gerade 18 geworden und bereits fertig mit dem Gymnasium. Ihr Abitur hat sie mit einem außerordentlich guten Schnitt absolviert, so daß sie fest damit rechnen kann, den gewünschten Studienplatz für Jura zu bekommen.
Alexandra lebt mit ihrer Mutter und deren zweitem Mann in einer Villa in Frankfurt. Herr B. ist Besitzer eines überaus erfolgreichen und dementsprechend lukrativen Im- und Exportunternehmens. Er hat nach der Hochzeit die Tochter seiner Frau aus erster Ehe mit dem Einverständnis des leiblichen Vaters adoptiert, und Alexandra ab ihrem vierten Lebensjahr wie seine eigene Tochter gemeinsam mit seiner Frau großgezogen.
Kein Wunsch, der dem Mädchen nicht schon in frühester Kindheit erfüllt worden wäre. Doch nicht nur in materieller Hinsicht wurde Alexandra jedweder Luxus zuteil. Vor allem was ihre Ausbildung in jeder Richtung angeht, engagiert sich Herr B. persönlich sehr.

»Ich habe immer darauf geachtet, daß Alexandra möglichst vielseitig in ihren Interessen ist. Man kann die Begabungen eines Kindes doch am ehesten herausfinden, wenn man ihm die größtmögliche Vielfalt anbietet.«

So hat Alexandra bereits mit knapp fünf Jahren Klavierunterricht gehabt, ein Jahr später wurde Ballett und Reiten dazuge-

nommen und mit etwa zehn, als sie in das Gymnasium kam, gab es keinen Nachmittag in der Woche mehr, über den das Mädchen hätte frei verfügen können.
Alexandra selbst empfindet heute »daß es schon toll war, mit welcher Konsequenz mein Vater dafür gesorgt hat, daß ich die verschiedenen Sachen auch wirklich wahrnehme. Ich mußte immer alles mindestens ein Jahr machen, weil er auf dem Standpunkt stand, man könne nicht entscheiden, ob einem etwas liegt, wenn man nicht zumindest ein wenig in die Materie eingedrungen ist. Ich bin sicher, daß er damit Recht hat, denn ich habe zum Beispiel mit 15 angefangen auf privater Basis Italienisch zu lernen, also zusätzlich zu den Fremdsprachen, die ich sowieso schon in der Schule hatte. Das war so ein Kurs, der abends losging, erstens hätte ich lieber um die Zeit zu Hause gesessen, und zweitens kam ich auch oft ins Gedränge mit meinen Aufgaben, die ja für den nächsten Tag gemacht werden mußten. Aber mein Vater blieb stur. Mit dem Erfolg, daß ich immer noch an diesem Unterricht teilnehme und inzwischen die Sprache wirklich ganz passabel spreche.«
Beide Eltern sind sehr stolz auf die fleißige Tochter und sagen übereinstimmend, es habe mit Alexandra auch während der Pubertät eigentlich kaum Probleme gegeben. Um so erstaunter waren sie, als es nach dem Abitur zu einer ersten wirklich heftigen Auseinandersetzung kam. Für die Eltern war es eigentlich immer selbstverständlich, daß Alexandra nach dem Abitur studieren würde und entsprechend ihres Studienplatzes eine kleine Wohnung nehmen würde.
So selbstverständlich, daß sie nicht einmal detaillierte Gespräche mit ihrer Tochter darüber führten. »Ab und zu kam die Rede auf die Zeit nach dem Abitur und dann hat Alexandra meistens sehr verhalten reagiert, wenn wir über Ausziehen und dergleichen gesprochen haben. Aber mehr so in die

Richtung, daß sie sagte, wir sollen doch erstmal abwarten, bis sie die Schule fertig habe und ihr Zeugnis in der Hand habe«, so die Mutter. »Wir haben uns deswegen keinerlei Gedanken gemacht, denn sie hat doch recht, wenn sie die Sache Schritt für Schritt angeht. Ich fand das eigentlich immer nur sehr vernünftig, und mein Mann auch. Um so verwirrter waren wir vor einiger Zeit, als wir dann wirklich ernsthaft mit ihr darüber reden wollten, wie es weitergehen soll. Wir wissen zwar noch nicht, wo sie studieren wird, aber man kann doch – so dachten wir – schon mal anfangen, sich mit dem Thema zu beschäftigen. Also, da gebe ich meinem Mann völlig recht. Das muß alles im voraus geplant und organisiert werden, sonst ist es mit einem Mal soweit und keiner weiß, wo man anfangen soll. Aber Alexandra ist regelrecht durchgedreht, als wir davon sprechen wollten. Dabei fing es ganz harmlos an. Mein Mann hatte schon Tage vorher immer überlegt, wie er sie finanziell ausstatten soll, wenn sie auszieht. Sie bekommt natürlich jetzt ein sehr ordentliches Taschengeld, und wir möchten beide nicht, daß es ihr dann schlechter geht, auf der anderen Seite muß sie ja auch lernen, mit Geld eigenverantwortlich umzugehen, und deswegen finden wir, daß es wiederum nicht zu viel sein darf, was sie monatlich zur Verfügung haben sollte. Aber schon das konnte man kaum mit ihr diskutieren, zunächst hatte ich das Gefühl, sie verweigert sich, sie guckte uns nur ganz teilnahmslos an und sagte kein Wort. Mein Mann hat ihr seine Überlegungen vermittelt und dachte, jetzt kommt eine Reaktion, als er sagte »und dann müssen wir halt schauen, wo du deinen Studienplatz bekommst, denn die Lebenshaltungskosten sind ja auch unterschiedlich hoch in den einzelnen Städten. – Also ich wäre meinen Eltern um den Hals gefallen, wenn sie mir so ein Angebot gemacht hätten. Und was macht meine Tochter? Sitzt da und es laufen ihr die Tränen über das Gesicht.«

»Muß ich denn ausziehen?«, hat sie uns gefragt. »Kann ich nicht hierbleiben? Ich möchte nicht in einer eigenen Wohnung und noch dazu in einer fremden Stadt leben. Ich möchte hierbleiben.
Wir haben doch Platz genug, und wir verstehen uns doch auch, warum soll ich denn weg?«

Alexandras Eltern sind wie vor den Kopf gestoßen. Mit allem haben sie gerechnet, nur nicht mit einer solchen Reaktion. Zumal »es natürlich stimmt, daß wir uns immer ausgesprochen gut verstanden haben und uns auch nahe waren, aber ich bin immer davon ausgegangen, daß wir, nachdem Alexandra mit der Schule fertig ist, nochmal ein ganz anderes Leben führen können. Also um es mal in aller Deutlichkeit zu sagen, ich liebe meine Tochter sehr, aber Kinder sind nun mal auch eine Belastung, und ich wollte eigentlich dem treu bleiben, was ich mir immer vorgenommen habe: zwanzig Jahre ohne Kind, zwanzig Jahre mit Kind und noch mal zwanzig Jahre ohne. Ich habe Alexandra ziemlich jung bekommen, also genau gesagt mit zweiundzwanzig, und deshalb bin ich auch immer davon ausgegangen, daß sie, wenn sie volljährig ist, bzw. spätestens, wenn sie die Schule fertig hat, das Haus verlassen wird. Ich kann mich noch ganz genau erinnern, wie das bei mir gewesen ist, ich wollte unbedingt von zu Hause weg und bei uns war das gar nicht so selbstverständlich. Aber jetzt bekommen wir da offensichtlich ein echtes Problem, denn ich kenne meine Tochter, die meint ganz ernst, was sie sagt, und ich kann doch mein eigenes Kind nicht rausschmeißen, zumal sie uns wirklich keinen Anlaß gibt, außer eben, daß wir unser Leben anders geplant haben. Wenn es nach mir geht, ist da das letzte Wort auch noch nicht gesprochen. Wir müssen sehen, daß wir zu einer Einigung kommen. Denn die Alexandra kann doch nicht die nächsten zehn oder wieviel Jahre bei uns bleiben. Erstens ist mir das nicht recht, weil ich wirklich glaube, daß ich so veranlagt bin, daß ich dann die Zuständigkeiten auch nicht aufgebe, und zweitens ist das auch für sie nicht gut. Also Ziel muß doch sein, daß sie eines Tages ein eigenständiges Leben führt und zwar selbstbewußt und selbständig, und das kann sich nicht entwickeln, wenn die Anbindung an uns so nah bleibt.«

Alexandra selbst versteht zur Zeit »die Welt nicht mehr«. Sie kann überhaupt nicht begreifen, daß ihre Eltern so sicher davon ausgegangen sind, daß sie das Haus mit dem Beginn des Studiums verlassen wird. »Ich habe nie auch nur mit einem Wort oder einer Geste zu erkennen gegeben, daß ich hier weg möchte. Natürlich nicht, denn ich fühle mich doch wohl hier.

Ich verstehe mich mit beiden Eltern wirklich unglaublich gut, um nicht zu sagen, ich liebe sie sehr. Dazu kommt eine große Dankbarkeit, die ich meinem Vater gegenüber empfinde. Ich habe wirklich große Hochachtung vor dem, was er für mich getan hat. Das ist doch nicht die Norm. Schließlich bin ich nicht sein leibliches Kind, und ich finde schon toll, daß er sich überhaupt entschieden hat, mich zu adoptieren. Schließlich hätte er ja auch einfach so meine Mutter heiraten können und mit uns leben. Meine Mutter ist eine tolle Frau, und ich habe sie sehr, sehr gern, ich habe dieses Verhältnis nie in Frage gestellt. Meine Mutter ist meine Mutter und damit basta. Sicher haben wir ab und zu mal kleine Streitereien gehabt, aber lächerlich, sowohl was die Intensität, als auch was die Dauer betrifft. Nein, was mich wirklich hält, oder besser, so durcheinanderbringt ist mein Verhältnis zu meinem Vater. Das ist gewachsen, da ist im Laufe meiner Kindheit ein Vertrauen entstanden, wie ich es nicht mal zu meiner Mutter habe. Der Gedanke, daß ich auf das, was er so tagtäglich für mich tut, verzichten müßte, macht mir regelrecht Bauchweh. Es bedeutet mir unendlich viel, ihm erzählen zu können, wie etwas gelaufen ist, oder ihn zu fragen, wie ich irgend etwas angehen soll.

Ich glaube, ich würde mich total verlassen fühlen, wenn ich jetzt plötzlich in irgendeiner Wohnung säße – und sei sie noch so schön und wenn ich ihn etwas fragen möchte, müßte ich erst anrufen. Furchtbar.

Ich weiß auch nicht, woher diese Unsicherheit kommt. In der Schule zum Beispiel, wenn ich drankam oder was vortragen mußte, habe ich das Problem nie gehabt. Deswegen wundert sich meine Freundin immer, wenn ich ihr sage, daß ich auf keinen Fall auf diese Nähe zu meinen Eltern verzichten möchte, jedenfalls noch lange nicht.

Aber auch wenn es nach außen vielleicht anders wirkt, ich kann' s nicht ändern, innen ist es halt so, daß der Gedanke mich regelrecht ängstigt.

Was mir aber mindestens genauso zu schaffen macht, ist wirklich, daß ich das Gefühl habe, vor allem meine Mutter möchte eigentlich viel lieber, daß ich gehe.

Dadurch komme ich mir regelrecht unerwünscht, abgeschoben vor, und das ist ein absolut ekelhaftes Gefühl. Ich begreife es auch nicht. Wenn es jetzt so wäre, daß ich wegen des Geldes arbeiten müßte, oder wir hätten soviel Ärger miteinander, daß das einfach nicht geht unter einem Dach. Oder ich würde meine Eltern stören, nicht nur durch bloße Anwesenheit, sondern auch durch Freunde, oder sie bräuchten den Platz oder was weiß ich, es gibt ja sicher tausend Gründe, warum man dafür sein kann, daß ein volljähriges Kind auszieht, aber bei uns sehe ich keinen.

Und im Prinzip ist des doch so, daß meine Mutter mir immer gesagt hat, ich sei ein absolutes Wunschkind gewesen und auch mein Vater, mit der Adoption, hat er doch wirklich bewiesen, daß er mich haben wollte, aber jetzt habe ich ganz nachhaltig das Gefühl, daß die beiden mich lieber aus dem Haus hätten. Da hilft mir auch nicht, wenn sie mir sagen, daß sie doch nur wollen, daß ich mich ordentlich entwickele und so, ich hab mich auch in ihrer Gegenwart ordentlich entwikkelt. Ich finde, man sollte doch den Zeitpunkt, an dem man gehen möchte, selber bestimmen können, und ich bin einfach noch nicht so weit.«

Der Vater tut sich sehr schwer, einen Weg zu finden, der es ihm möglich macht, adäquat mit der Situation umzugehen, die er so nicht erwartet hat. »Ich kann nur sagen, daß ich natürlich respektiere, wenn Alexandra sagt, sie möchte sich noch nicht von uns abnabeln, und etwas anderes ist es ja nicht. Schwierig daran ist eigentlich nur, daß von den jungen Leuten heute so viel verlangt wird und vor allem – also wenn man jetzt mal eine gute Ausbildung voraussetzt – sicherlich die Fähigkeit, auf den eigenen zwei Beinen zu stehen. Ich meine auf der einen Seite wollen sie wählen, Auto fahren, alles alleine entscheiden und möglichst noch gegen den Willen der Eltern – das gilt jetzt nicht für Alexandra, sondern ist mehr allgemein gesprochen, auf der anderen Seite sind sie eben doch noch sehr jung. Ich möchte nicht, daß Alexandra sich gewissermaßen verstoßen fühlt, das täte mir weh, denn meine Frau und ich haben wirklich viel Zeit und Liebe aufgebracht, damit sie die Möglichkeit hat, eine schöne und unbeschwerte und trotzdem nicht verschwendete Kindheit und Jugend zu verleben.

Ich habe mir überlegt, ob der Fehler vielleicht bei mir liegt, denn ich bin wirklich immer sehr für sie da gewesen, im Rahmen meiner zeitlichen Möglichkeiten. Ob ich ihr nicht vielleicht mehr Entscheidungen hätte überlassen sollen. Ich weiß es nicht. Jetzt ist es vermutlich ein bißchen spät für solche Gedanken, ich habe es so gut gemacht wie ich konnte und das ist etwas, was sicher auch für meine Frau gilt. Natürlich haben wir uns vorgestellt, daß wir, wenn Alexandra fertig mit der Schule ist, ein bißchen mehr miteinander verreisen werden und ähnliches. Jetzt muß man mal sehen, wie wir mit der Sache umgehen. Als Manager würde ich sagen, Probleme sind dazu da, gelöst zu werden.«

Alexandra ist deutlich mit dem Anspruch, sich von den Eltern lösen zu sollen, überfordert. Dadurch, daß speziell ihr Vater ihr bis heute jedwede Entscheidung abgenommen hat, ängstigt sie der Gedanke, allein für sich sorgen zu müssen über die Maßen.

Mit seinem großen Engagement hat ihr der Vater eine Art Korsett gebaut, in dem sie sicher und ohne die eigene Muskulatur gebrauchen zu müssen, existieren konnte. Die verplanten Nachmittage, die ständige Kontrolle – offenbar in des Wortes bester und liebevoller Bedeutung durchgeführt – der harmonische Familienhintergrund und das unkomplizierte Verhältnis zu beiden Eltern haben sie die familiäre Konstruktion, so wie sie herrschte, nie hinterfragen lassen. Eingebettet wie in Watte hat Alexandra ihren Part in der Familie erfüllt, indem sie gute schulische Leistungen erbrachte und sich den väterlichen Anregungen immer dankbar und offen gegenüber zeigte. Mit Zuneigung und argumentativ begründeter Autorität unterbreitete der Vater dem Mädchen seine Ideen und konnte fast sicher davon ausgehen, keinen Widerspruch zu ernten.

Bei all dem haben die Eltern aber versäumt, wirklich mit ihrer Tochter zu sprechen. Und zwar über das, was Alexandra und auch sie selbst zentral tangierte; sonst hätten sie irgendwann erkennen müssen, daß Alexandras innere Bindung an sie doch sehr viel intensiver und ihre emotionale Abhängigkeit stärker war und ist, als sie das einschätzten. Alexandra ihrerseits sah keine Veranlassung, derartige Gespräche zu forcieren, denn aus dem Verhalten ihrer Eltern ließen sich keine Zeichen ablesen, die auf ein Ende des »paradiesischen« Zustandes gedeutet hätten. Jetzt steht die Familie vor der schwierigen Frage, wie das Problem in möglichst kurzer Zeit gelöst werden kann. Alexandras Mutter läßt keinen Zweifel aufkommen, daß die erwachsene Tochter im Hause nicht in ihre Lebenspläne paßt. Der Vater hat seine Position mit dem Satz »Probleme sind dazu da, gelöst zu werden« deutlich gemacht. Er wird pragmatisch an das Problem herangehen und wenn er die Lösung gefunden hat, sie Alexandra strategisch klug präsentieren.

»Sie setzen Himmel und Hölle in Bewegung, damit wir abzischen!«

Georg und Gregor O., 21 Jahre
Karl-Heinz O., 49 Jahre, Anzeigenvertreter
Inge O., 47 Jahre, Layouterin

Die Zwillinge Georg und Gregor sind gerade fertig mit ihrem Zivildienst und leben bei ihren Eltern in München in einer Altbauwohnung. Mutter und Vater sind beide freiberuflich im Verlagswesen tätig und arbeiten vorwiegend zu Hause. Georg und Gregor wollen eigentlich gerne studieren, wissen aber noch nicht so genau was. »Irgend etwas Künstlerisches«, sagt Gregor und guckt auf den Bruder, der zustimmend nickt.
Der Haussegen hängt mehr als schief in der Familie, denn die Eltern finden übereinstimmend, daß es höchste Zeit wird, daß die Jungen die elterliche Wohnung verlassen.

»Ich bin es so ungeheuer leid, für die Familie zuständig zu sein, jetzt noch, zu einer Zeit, wo die Zwillinge wirklich keine Kinder mehr sind, sondern junge Männer. Streckenweise habe ich das Gefühl, bei unserem Haushalt handelt es sich um eine Pension für junge Leute, das Ärgerliche daran ist nur, daß ich nicht selber Gast bin, sondern die Pension führe – und das gegen meinen Willen. Mein Mann und ich haben immer gesagt, daß die beiden hier wohnen können, solange sie ihren Zivildienst leisten müssen. Sie hatten das Glück, hier in München unterzukommen und es wäre blödsinnig gewesen, für die Zeit hier eine oder gar zwei Wohnungen einzurichten, solange die beiden noch nicht mal wissen, was und vor allem wo sie es machen werden. Aber jetzt bin ich,

um es mal vornehm auszudrücken, verärgert, weil die beiden munter in den Tag hinein leben, sich der Vorteile des Haushaltes bedienen und nur unter »Androhung der Todesstrafe«, wie mein Mann immer sagt, bereit sind, überhaupt irgend etwas im Haus zu machen.
Es kann doch nicht angehen, daß ich für die beiden immer noch den Einkauf erledige, von Wäsche und ähnlichen Nebensächlichkeiten ganz zu schweigen. Natürlich hat es bei uns Dutzende von Diskussionen zu dem Thema gegeben, leider enden sie immer mit dem gleichen, nämlich ohne Ergebnis. Manchmal komme ich mir vor, wie eine Platte mit Kratzer, es ist so ermüdend, immer und immer wieder das gleiche zu sagen. Schlimmer als in der Zeit, als sie noch klein waren und man mit Geduld versucht hat, ihnen bestimmte Dinge beizubringen, jetzt sind sie eben nicht mehr klein, und ich erwarte, daß ich ernstgenommen werde, in dem, was ich zu sagen habe.
Es ist ja noch nicht einmal so, daß die beiden nicht ausziehen wollen, zumindest sagen sie das nicht so, aber allein der einfachste Schritt, daß man sich an den entsprechenden Tagen, also zweimal in der Woche, die wichtigen Zeitungen holt, um nach einer Bleibe überhaupt zu gucken. Es fängt damit an, daß die Herren nicht in der Lage sind, vor dem Mittagessen aus den Betten zu kriechen. Das ist aber ein absolutes Muß, wenn man in einer Stadt wie München überhaupt etwas finden möchte, seit knapp einem halben Jahr rede ich auf sie ein, wie auf lahme Gäule mit der Konsquenz, daß nichts geschieht.
Wir haben wirklich alles versucht! Vom Gespräch über die Predigt bis zum Tobsuchtsanfall ist wirklich mein ganzes Repertoire zum Tragen gekommen, völlig ohne Wirkung. Und das kann mich schon deshalb so aufregen, weil es offenbar auf der anderen Seite überhaupt kein Problem ist, für irgend-

welche Festivitäten auf die nötige Nachtruhe zu verzichten.
Ich muß natürlich auch zugeben, daß Gregor und Georg sicher nicht ganz alleine Schuld an der Entwicklung sind, ich meine zu solchen Dingen gehören immer alle Parteien, aber wo genau es richtig gewesen wäre, sich anders zu verhalten, ich weiß es wirklich nicht.
Manchmal versuche ich, mich zu erinnern, wo eine Schnittstelle hätte sein können in der Erziehung, wo man ihnen vielleicht hätte mehr Rücksichtnahme oder Respekt beibringen müssen, aber ich komme auf nichts. Selbst wenn ich es herausfinden würde, es kann doch nicht sein, daß ich jetzt mit meine Kindern leben werde, bis ich ins hohe Greisenalter komme. – Wobei, dann fände ich es vielleicht wieder schön, wenn sie bei mir wohnen würden ...«

Härter als seine Frau beurteilt der Vater die Lage. »Ich glaube, wenn wir die beiden nicht einfach hinausschmeißen, in des Wortes ursprünglicher Bedeutung, müssen meine Frau und ich uns auf die Dauer selber eine Wohnung suchen und können froh sein, wenn wir keinen Ärger mit den Jungens bekommen, für den Fall, daß wir es wagen, einen Topf oder gar Bettwäsche mitzunehmen.«
Er hat vor lauter Wut über das Verhalten seiner Söhne schon einmal fast eine Woche nicht mit ihnen gesprochen. Aber auch das hat nicht geholfen. Die beiden »beschlagnahmten unverdrossen trotzdem die Wohnung. Vielleicht habe ich neulich wirklich ein bißchen übertrieben reagiert, vor allem im Hinblick darauf, wie wir unsere Söhne eigentlich immer behandelt haben, jedenfalls sagt meine Frau das. Wir haben uns immer bemüht, Georg und Gregor so gut wie gleichberechtigt zu behandeln, auch schon, als sie noch ganz klein waren. Ich selbst komme aus einer sehr autoritären Familie,

hatte als Kind regelrecht Angst vor meinem Vater und hätte nie gewagt irgend etwas zu tun, was ihm nicht in den Kram paßt. Dementsprechend wollte ich das nie für meine Kinder und habe eigentlich immer versucht, ihnen eher ein Freund, als Vater im konventionellen Sinne zu sein.
Natürlich schon unter Wahrung der Pflichten, die man als Eltern hat. Denn man muß sie ja nicht nur materiell versorgen, sondern ihnen auch mit dem berühmten Rat zur Seite stehen. Aber wenn ich mir jetzt das Ergebnis angucke, gerate ich doch leicht in Zweifel, ob das alles so richtig war. Ein bißchen mehr Autorität würde, scheint mir zumindest heute, nicht schaden.
Meine Frau und ich haben das Problem, daß wir eigentlich beide gleichermaßen der Meinung sind, daß es so nicht weitergeht. Aber immer wenn einer von uns beiden gerade so weit ist, daß er konsequent und für die Herren Söhne eventuell auch bedrohlich einschreiten würde, nimmt der andere sie wieder in Schutz. Nur als ich neulich wirklich eine knappe Woche mit den beiden nicht gesprochen habe, war meine Frau auch so sauer, daß sie für die gleiche Zeit die Versorgung des Haushaltes verweigert hat. Der Anlaß war im nachhinein wahrscheinlich eher komisch, aber ich hätte um mich schlagen können vor Wut, als ich eines Morgens aufgestanden bin, ins Bad ging, und mir von dort ein junges Mädchen im Morgenmantel meiner Frau entgegenkam, sie sagte nicht Guten Morgen, nicht Guten Tag, nickte nicht mal mit dem Kopf, sondern ging einfach an mir vorbei. Ich gehe ins Bad und sehe einen mir fremden Jüngling dort stehen, der gerade im Begriff ist, sich mit meinem Rasierschaum einzuseifen um anschließend zielsicher meinen Naßrasierer ans beflaumte Kinn zu setzen. Ich war so baff, daß ich gar nichts sagen konnte, sondern einfach nur wieder aus dem Bad gegangen bin; es hätte nur noch gefehlt, daß ich mich entschuldigt hät-

te für die Störung! Und jetzt kommts, ich gehe in die Küche, dort steht das junge Mädchen, noch immer namenlos und noch immer im Morgenmantel meiner Frau, und fragt mich allen Ernstes nach meinem Namen und der Adresse, sie wollte ihre Mutter anrufen, damit sie sie und ihren Bruder abholen könnte, sie hätten beide immer noch so viel Restalkohol, daß sie lieber nicht Autofahren wollten. Ich war zunächst regelrecht starr vor Entsetzen, dann bin ich in Gregors Zimmer gerast, der schlief selbstverständlich noch, und habe ihn angebrüllt wie selten in meinem Leben.«
Gregor und Georg sehen die häusliche Situation »eigentlich viel entspannter« als die Eltern. Sie wollen nicht so recht einsehen, daß ihr Zugriff auf den täglichen Ablauf im Haushalt streckenweise als ausgesprochen possessiv und dementsprechend als störend empfunden wird.

Gregor: »Also die Sache, über die sich mein Vater so aufgeregt hat, mit dem Bademantel und so, dafür haben wir uns ja am nächsten Tag auch entschuldigt. Erst fand ich es sogar ein bißchen pingelig und vor allem die Reaktion, also diesen Wutanfall ziemlich übertrieben, aber Georg hat dann gemeint, es wäre besser, wenn wir sagen, daß es uns leid tut, und dann haben wir das auch gemacht.
Was ich nicht begreife, ist der Streß, den die beiden sich und uns machen. Wir wohnen jetzt seit über zehn Jahren hier in dieser Wohnung, und es ist immer ganz gut gegangen, also normal halt, und jetzt mit einem Mal kriegen die sich nicht mehr ein und setzen Himmel und Hölle in Bewegung, damit wir abzischen. Wir haben uns aber gar nicht verändert und deswegen begreife ich nicht, warum es auf einmal so massiv stört, daß wir hier sind. Es ist ja nicht so, daß wir nicht ausziehen wollen, aber hier in München oder in einer anderen Großstadt eine Wohnung oder auch nur ein Zimmer zu krie-

gen ist doch ohne Vitamin B (Beziehungen) gar nicht denkbar, also warum sollen wir uns damit rumärgern, die Zeitung zu lesen? Bis wir irgendwo anrufen ist doch eh längst alles schon weg. Da muß man sich ein bißchen rumhören. Das ist ähnlich wie mit dem Studium. Ich hab tatsächlich noch keine direkte Vorstellung, was ich machen will. Und jetzt irgend etwas anzufangen, nur um dann sagen zu können ich studiere, das finde ich total albern. Da finde ich viel sinnvoller, was wir zur Zeit so machen, einfach ein bißchen mit Leuten reden.
Ich begreife ja, daß meine Eltern gerne möchten, daß die beiden Söhne irgendwie einzuordnen sind. Ich denke, das ist in der Generation normal, die haben nicht gelernt, einfach mal eine Weile nur in den Tag zu leben und vielleicht nachzudenken, was man mit seinem Leben machen will. Der Georg und ich, wir müssen uns doch erst mal vom Ersatzdienst erholen, das war ein ganz schöner Schlauch. Unser Vater sagt immer, wir hätten die Zeit nutzen sollen, um uns Gedanken über die Zukunft zu machen, aber der hat gut reden, das ist wesentlich leichter gesagt als getan.
Ich habe in der Zeit, die ich da gearbeitet habe, wirklich über viel nachgedacht, aber darüber halt überhaupt nicht. Ich denk mal sowas muß doch auch reifen, im Endeffekt sollen wir uns doch jetzt entscheiden irgendwas zu machen, was dann vielleicht ein ganzes Leben die Existenz bedeutet, und das kann man nicht übers Knie brechen. So, und bevor ich nicht weiß, was es sein soll, hat es doch auch gar keinen Sinn, sich wohnmäßig um irgend etwas zu kümmern. Was soll ich denn hier mit einer Bude, wenn's mich dann ganz woanders hin verschlägt?«

Georg ist etwas kooperativer als sein Bruder, zumindest im Gespräch. In der Grundtendenz allerdings ist er sich mit seinem Bruder einig.

Die Eltern sollen warten, bis die Söhne sich entschieden haben, was und wo sie es in Zukunft tun möchten. Allerdings sieht er anders als sein Bruder ein, »daß die beiden vielleicht auch nach zweiundzwanzig Jahren mal ein bißchen Zeit und Ruhe für sich haben wollen. Vor allem, weil meine Mutter jetzt auch stärker im Beruf gefragt ist als noch vor ein paar Jahren und sich, glaube ich, auch ganz gern aus einem der Zimmer ein Büro machen würde.
Nein, ich fühle mich nicht vertrieben, ich kann das ehrlich verstehen, man muß es doch mal ganz realistisch sehen, es ist doch nicht normal, daß zwei Jungen in unserem Alter, die noch dazu aus einem Haushalt kommen, in dem es nicht die Frage von Geld oder so ist, daß die dann immer noch zu Hause wohnen. Ich hab dem Greg auch gesagt, daß wir uns jetzt wirklich mal beeilen müssen, und wenn uns nicht bald einfällt, was wir so definitiv machen wollen, dann müssen wir halt anfangen zu jobben und ein bißchen Kohle verdienen, damit man sich was mieten kann. Weil so endlos geht das hier in der Wohnung auch nicht weiter, da ist mein Fell auch nicht so dick wie das vom Gregor. Ich denke, wir müssen ganz klar sehen, daß wir irgendwann, und nach den Maßstäben unserer Eltern ist der Zeitpunkt wohl jetzt gekommen, unser Leben selber gestalten müssen. Es ist ja zwar sehr bequem so, aber bevor ich es mir wirklich mit denen verderbe, zieh ich lieber aus – wenn ich was finde.
Davon allerdings hält Gregor gar nichts. Er hat seinem Bruder unmißverständlich klargemacht, daß er entweder eine Entscheidung trifft, die er dann »auch knallhart durchzieht, beruflich gesehen« oder aber eher nochmal ein paar Monate »oder ein Jahr in das ein oder andere ausgeflippte Land düse, bevor ich mir hier wirklich Streß machen lasse«.
Karl-Heinz O. erkennt eine der Ursachen für die häusliche Situation selbst, wenn er die Grundsatzfrage stellt, ob seine

Einstellung den Söhnen gegenüber wohl immer so richtig gewesen sei. Er hat die beiden immer sehr gleichberechtigt behandelt, und ihnen damit natürlich ein sehr partnerschaftliches Gefühl vermittelt. Gleichzeitig haben die Eltern aber ihre Funktionen als Versorger der Familie immer im vollen Umfang wahrgenommen. Das führte bei Georg und Gregor zu scheinbar graduell zwar unterschiedlichen, aber doch sehr ausgeprägten Anspruchshaltungen.

Ohne auch nur den Anflug eines schlechten Gewissens zu haben, nutzen sie die Zuverlässigkeit der Eltern mit einer Art Gewohnheitsrecht für sich, und scheuen sich auch nicht, die Wohnung zu beanspruchen, wie es ihnen in den Sinn kommt.

Mit einer Selbstverständlichkeit, die wirklich wie Herr O. sagt, einer gewissen Komik nicht entbehrt, verfügen sie über alles und jedes, so wie sie es für richtig halten und ohne Rücksicht auf die Bedürfnisse ihrer Eltern.

Versuche, die Brüder aus ihrem Phlegma zu reißen, und dazu zu bringen, sich wenigstens mit dem Wohnungsteil der Zeitung zu beschäftigen, scheitern an der Einstellung der beiden, daß es doch eigentlich bis dato immer sehr nett gewesen sei, und sie keinerlei Anlaß sehen, diesen Zustand zu beenden.

Der Gedanke, daß ihre Eltern möglicherweise ein Recht und einen Anspruch und vor allem ein Bedürfnis nach einem Leben nach ihren Kindern haben und dies auch realisieren möchten, kommt ihnen nicht.

Gregor ist in seiner Einstellung offensichtlich noch egozentrischer als sein Bruder, der zumindest in Ansätzen zu erkennen gibt, daß er bestimmte Reaktionen seiner Eltern verstehen kann. Ihm erscheint es völlig unverständlich, daß irgend jemand, und da bezieht er auch seine Eltern ein, von ihm erwarten könnte, daß er etwas tut, was nicht kongruent mit seinen momentanen Interessen ist. Zeit seines Lebens hat er die Familie als einen Verbund zu seinem Nutzen und Vergnügen empfunden und will unter keinen Umständen, daß sich an dieser Konstruktion etwas ändert. Entsprechend überhört er auch seine Mutter, wenn sie – für ihre Begriffe unmißverständlich – artikuliert, daß sie mit der herrschenden Situation unzufrieden ist.

Wenn die Eltern sich weiterhin damit aufhalten, von Zeit zu Zeit ihrer Wut freien Lauf zu lassen, sich aber in einem für die Söhne kalkulierbaren Abstand wieder fassen und alles seinen Gang weiter geht, wird dem Ehepaar O. mittelfristig nichts anderes übrig bleiben, als tatsächlich eine andere Wohnung zu beziehen. Georg und Gregor müßten von seiten ihrer Eltern klare und nachvollziehbare Bedingungen geschaffen werden, unter denen sie entweder zur Zufriedenheit der Eltern noch eine Weile in der Wohnung bleiben können, oder aber ausziehen müssen.

»Meine Mutter ist tierisch anstrengend.«

Olaf K., 24 Jahre, Physikstudent
Waltraud K., 51 Jahre, Fachverkäuferin Musikhandel

Olaf lebt bei seiner alleinstehenden Mutter. Unabhängig davon, daß er sein Studium nicht in der vorgeschriebenen Regelstudienzeit absolviert, weil er seiner Freundin Petra zusätzlich bei ihrem Soziologiestudium hilft, ärgert sich die Mutter über die Unverfrorenheit, mit der Olaf sich einfach weigert, seine Verantwortungen gemäß des Alters zu übernehmen.

»Wo gibts denn sowas, daß ein Kerl in dem Alter seiner Mutter in dieser Form auf der Tasche liegt? Und ich benutze den Ausdruck ganz bewußt, denn wenn ich irgend etwas von dieser Gemeinschaft hätte, würde ich nichts dagegen sagen. Ich habe Freunde, deren Kinder sind genauso alt oder sogar etwas älter als der Olaf und in einem Fall wohnt die Tochter mit dem verwitweten Vater zusammen, obwohl sie schon berufstätig ist. Aber das ist etwas ganz anderes als bei uns. Die versorgt den älteren Herren ganz rührend und zwar nicht nur indem sie für ihn einkauft und ab und zu was kocht, sondern die ist einfach da für ihn. Bei uns ist das eine sehr einseitge Sache.
Als Silke (die Tochter) vor drei Jahren auszog, hat Olaf schlicht und einfach ihr Zimmer für sich in Anspruch genommen und daraus ein Wohnzimmer für sich gemacht. Dagegen ist ja an sich noch nichts zu sagen, aber damals war mir nicht klar, daß er sich dort fest einnisten wollte. Ja, ich weiß es klingt hart, denn schließlich ist er mein Sohn und ich liebe ihn ja auch, aber er hat sich dort eingenistet. Leider habe ich

das zu spät gemerkt. Ich weiß auch gar nicht, wie ich es genau beschreiben soll, also den Prozeß, der da stattgefunden hat. Manchmal schleicht sich bei mir so ein Gefühl ein, als hätte ich den Zug verpaßt, also den Moment, als Olaf eben kein Kind mehr, sondern schon erwachsen war.

Aber mir kommt es im nachhinein so vor, als wäre die Phase der Kindheit viel kürzer geworden im Verhältnis zu dem, wie sie früher war und dafür ist das, was wir seinerzeit unter Jugend verstanden haben, ewig lang geworden. Ich seh das doch bei den Typen, die der Olaf mit nach Hause bringt also. Seine Kollegen von der Universität, da sind einige drunter, die bestimmt schon an die dreißig, wenn nicht drüber sind, das ist doch nicht normal, also mit dreißig war man früher in der Lage, eine mehrköpfige Familie zu ernähren und hat nicht mehr herumstudiert. Durch diese ewig langen Ausbildungszeiten sind die einfach auch ein halbes Leben lang nicht wirklich gefordert. Wo müssen die denn Verantwortung übernehmen? Außer jetzt mal bös gesprochen, der Mutter am Wochenende das Auto, das sie die ganze Woche sowieso zur Verfügung haben, mal durch die Waschanlage fahren.
Und das ist das, was ich bei Olaf so enttäuschend finde, der sitzt da, studiert vor sich hin – bitte, ich kann mir da kein Urteil erlauben, denn ich habe selbst nicht das Glück gehabt, auf eine Universität gehen zu können, aber manches Mal denke ich mir, daß unsereiner doch auch weiß, was arbeiten heißt und man nicht unbedingt Klausuren geschrieben und Seminare besucht haben muß, um das zu beurteilen. Aber mein Sohn sitzt da, frißt mir den Kühlschrank dreimal in der Woche leer, und wenn dann das Wochenende kommt und er nicht irgend etwas lernen muß für seine Prüfungen oder was weiß ich, dann hab ich den Herren von hinten gesehen. Ich

empfinde das manches Mal als echte Kränkung, die ganze Woche ist er da, wenn ich für einen Teil unseres Lebensunterhaltes arbeiten muß und wenn dann das Wochenende kommt, wo ich vielleicht auch mal ein bißchen Ansprache brauche, weg ist er.

Ich habe natürlich schon Dutzende von Malen mit ihm darüber geredet, aber wie man sieht völlig ohne Erfolg. Wenn ich ihm sage, daß mir unsere Gemeinschaft so nicht gefällt, kommt er entweder mit »Dackelblick«, nimmt mich in den Arm und fragt mich, was er ändern soll, oder er macht mir Vorwürfe, erklärt mir, wie anstrengend das mit dem Studieren sei und dann noch Physik und daß er sich da nebenbei nicht noch um irgendwelche Kinkerlitzchen wie Haushalt und dergleichen kümmern kann. Ich bin an einem Punkt angekommen, wo ich fast denke, vielleicht sollte ich ihn einfach an seinem Schlawittchen nehmen und vor die Tür setzen, dann wird er sich kümmern müssen. Oder vielleicht die Petra, die hat nämlich einen eigenen Haushalt und zwar schon lange. Da ist er dann auch immer am Wochenende, oder kaum daß er frei hat.«

Aus Frau K. spricht ein gehöriges Maß an Aggression, wenn sie von ihrem Sohn erzählt, sowohl durch Gestik als auch durch ihre Mimik deutlich nachvollziehbar. Um so merkwürdiger, daß Olaf sich den Argumenten seiner Mutter so stoisch verschließen kann.

»Meine Mutter, herzensgut, aber tierisch anstrengend! Mit ihr unter einem Dach zu leben, ist gar nicht so einfach, das können Sie mir glauben. Dieser ständige Anspruch auf Gesellschaft, den sie artikuliert, der macht mich so fertig, daß ich oft, wenn ich dann mal Zeit hätte, fast fluchtartig die Wohnung verlasse.

Ich würde mich ja durchaus auch gerne immer mal wieder

mit ihr zusammensetzen, auf ein Gläschen Wein abends oder mal einen Kaffee, ich würde sogar ab und an ein Wochenende zu Hause verbringen, aber sie ist so besitzergreifend und bestimmend, daß ich es einfach nicht aushalte. Mir graut schon immer vor den Feiertagen, also so Weihnachten und Geburtstage, wo man halt als Kind, auch wenn man erwachsen ist, emotional gefordert ist. Die letzten zwei Jahre habe ich das gnadenlos auf meine Schwester abgewälzt. Also für die Silke ist das natürlich auch kein Spaß, aber die hält das besser aus. Vielleicht auch weil sie diesen Psychoterror nicht tagein tagaus hat. Sie lebt halt schon eine ganze Weile nicht mehr zu Hause und ich denke mal, wenn man dem nicht andauernd ausgesetzt ist, geht es vielleicht auch besser.
Ich kann einfach nicht ertragen, daß da alles gegeneinander aufgerechnet wird, nach dem Strickmuster, Du wohnst bei mir, ißt was ich koche und läßt Dich auch sonst von mir versorgen, damit erfülle ich einen Teil Deiner Bedürfnisse, also mußt Du auch einen Teil meiner Bedürfnisse erfüllen, und die sehen eben so aus, daß du mir emotional und gesprächsmäßig zur Verfügung stehen mußt. Und das ist eine Art mit mir umzugehen, die ich nur ganz schlecht ab kann. Ich habe auch versucht, ihr das klarzumachen, aber irgendwie versteht sie nicht, was ich meine, sie kommt immer wieder mit dem gleichen Kram und besteht darauf, daß ich gewissermaßen ableiste, was ich zu Hause esse oder was auch immer sie da aufs Tapet bringt. Und so kann es nicht funktionieren, jedenfalls nicht mit mir.
Den Zustand im Moment empfinde ich natürlich auch nicht als besonders angenehm, ich meine immerhin ist sie meine Mutter und ich tue mich nicht leicht mit diesem ständig unausgesprochenen Vorwurf zwischen uns. Vielleicht bin ich da auch einfach zu egoistisch, das sagt Petra jedenfalls manchmal. Sie wohnt in einer kleinen, wirklich sehr kleinen

Wohnung, und da fühle ich mich ausgesprochen wohl. Petra und ich verstehen uns ganz ausgezeichnet. Wir reden viel, natürlich vor allem über Dinge, die mit der Uni zu tun haben, ich kann da manchmal auch was für sie tun, weil dieses Soziologenzeug ist ja nicht so übermäßig viel.

Und das ist auch so eine Sache, wo meine Mutter anfängt aufzurechnen, sie will einfach nicht einsehen, daß das meine Ausbildung ist und ich das mir gemäße Tempo selber bestimmen muß und wenn ich finde, daß ich zwischendurch Petra helfen sollte, dann tue ich das, auch wenn mich das unter Umständen ein bißchen zurückwirft; oder sagen wir mal, mein eigenes Tempo verlangsamt.

So oft ist das ja bis jetzt auch nicht vorgekommen.

Ja, Petra hat oft mehr Verständnis für meine Mutter bzw. ihre merkwürdigen Einstellungen als ich. Sie schlägt öfter mal vor, daß wir doch am Wochenende ruhig ab und zu auch bei mir sein können, oder meine Mutter mal zum Essen einladen sollen, aber ich sagte es ja schon, ich halte das nicht aus, es gibt sofort Krach.

Ich glaube, daß meine Mutter sich schwer mißbraucht vorkommt, zumindest zeitweise, aber da kann ich nur sagen, das empfinde ich nicht so. Sie könnte es ja anders haben. Es müßte ja nicht so sein, daß mein Wohnen bei ihr diese Form von Notlösung darstellt.

Es hat ja ganz viel mit ihr zu tun. Ich finde auch im Gegensatz zu Petra nicht, daß ich da ein schlechtes Gewissen haben muß. Das ist eine vorrübergehende Zeit.

Das ist heute schon klar, alles andere wäre auch nicht normal. Ich kann da ja nicht ewig bleiben, will ich auch auf gar keinen Fall. Aber im Augenblick macht es trotz aller Nerverei einfach mehr Sinn, als sich eine eigene Wohnung zu suchen. Erstens ist das hier wie überall gar nicht so einfach und zweitens, also alleine wohnen und ständig neben der Uni auch

noch für den Haushalt komplett zuständig sein, das macht mich nicht besonders an, und außerdem weiß ich auch gar nicht, wie ich das bewerkstelligen sollte. Mit Petra werde ich sicher irgendwann mal zusammenziehen, also von meiner Seite steht dem zumindest nichts entgegen. Ich glaube, Petra ist da im Moment noch nicht so wild drauf, was ich auch verstehen kann, denn die Wohnung ist mini und wir müssen beide arbeiten fürs Studium, und da fehlt mir dann auch oft einfach die Zeit, mich für andere Dinge so zu engagieren, wie sie das sicher gerne hätte.
Insofern ist die Lösung, wie wir sie jetzt haben, eigentlich ganz gut, denn so zermürben wir uns nicht mit Alltagskleinigkeiten. Und bis ich mein erstes Staatsexamen gemacht habe, und im Referendariat vielleicht ein bißchen Geld hängen bleibt, werde ich auf jeden Fall bei meiner Mutter wohnen bleiben.
Danach müssen wir dann mal sehen. Ich glaube nicht, daß sie wirklich sehr unter meiner Anwesenheit leidet, schließlich ist sie meine Mutter, und Mütter haben allgemein ja eine hohe Toleranzschwelle, sagt man ihnen auf jeden Fall nach. Man muß ja auch ganz klar sehen, daß sie auf der einen Seite vielleicht meckert, daß ich in vielen Dingen nicht ihren Ansprüchen genüge, aber auf der anderen Seite bin ich auch nicht ihr Partner, sondern ihr Sohn.«

Olafs Verhalten seiner Mutter gegenüber mutet relativ egoistisch an. Ohne mit der Wimper zu zucken nimmt er jedwede Form von Liebesbeweis und Pflichtgefühl von seiner Mutter entgegen, und hat scheinbar noch nicht einmal entfernt das Empfinden dafür, daß er sich in irgendeiner Form zu revanchieren hat. Er ist im Stadium des nehmenden Kleinkindes steckengeblieben und weigert sich vehement zu begreifen, daß es neben seinen Bedürfnissen auch noch die anderer

Menschen gibt. Seine Mutter beklagt sich zwar über sein Verhalten, auf der anderen Seite hat sie auch nicht den wirklichen Willen, etwas zu ändern. Zurecht fühlt sie sich ausgenutzt und überstrapaziert, sowohl auf emotionalem als auch schlicht auf ökonomischem Gebiet. Die Unverfrorenheit, mit der der Sohn unter der Woche die Annehmlichkeiten des Haushaltes für sich beansprucht, um dann am Wochenende bei seiner Freundin zu verschwinden, macht ihr sehr zu schaffen. Zu einem Teil ist hier sicher auch Eifersucht ein Motiv für ihren Ärger. Sie ist diejenige, die Olaf seit annähernd zweieinhalb Jahrzehnten umsorgt und Petra, gegen die sie im übrigen keinerlei grundsätzliche Vorbehalte hat, bekommt den Teil von Olaf, den sie sich eigentlich auch wünscht. Mit ihr setzt er sich auseinander, hilft ihr beim Studium, interessiert sich für sie.

Petra durchschaut die Mechanismen relativ klar. Sie sieht, daß da ein junger Mann ist, der bis heute keine wesentlichen Aufgaben im Sinne der Gleichberechtigung, wie sie ihr vorschwebt, zu übernehmen brauchte und offensichtlich auch nicht übernehmen will und sperrt sich aus diesem Grund auch bis heute gegen ein Zusammenziehen mit Olaf. Zumal ihr sein Verhalten der Mutter gegenüber nicht gefällt, und sie die Selbstverständlichkeit, mit der Olaf für sich aus diesem Verhältnis das zieht, was er braucht, um gleichzeitig möglichst wenig zurückzugeben, nur mit Schrecken auf sich übertragen sehen kann.

»Ich hätte gern etwas mehr Abstand.«

Astrid R., 24 Jahre, Fotolaborantin
Ekkehard R., 48 Jahre, Besitzer Fotolabor
Gerda R., 48 Jahre, Buchhalterin

Astrid arbeitet nach einer abgeschlossenen Lehre in einem Fotolabor, das ihre Eltern seit Jahren betreiben.
Astrid soll das Geschäft eines Tages übernehmen, so hat es sich vor allem der Vater immer schon gewünscht.

»Wir sind ja nur ein ganz kleiner Laden, Service für junge aufstrebende Fotografen, und wenn ich ganz ehrlich sein soll, habe ich mir immer einen Sohn erträumt, der das, was ich da aufgebaut habe eines Tages in meinem Sinne weitermacht. Als die Astrid kam, nicht daß ich da direkt enttäuscht gewesen wäre, aber irgendwie habe ich schon einen Moment gebraucht, um mich daran zu gewöhnen, daß da jetzt ein Mädchen die Sache übernehmen würde. Klingt merkwürdig, aber genau wie meine Frau und ich wußten, daß wir kein zweites Kind wollten, genauso hab ich auch gewußt, wie ich die Astrid haben will und so ist sie auch geworden, also das muß ich schon sagen. Nie, daß die uns mal richtig Ärger gemacht hätte, nicht in der Schulzeit, nicht in der Lehre, nicht mit Jungens, immer pünktlich und immer zuverlässig. Ich hab ihr aber auch früh gesagt, daß das alles Sachen sind, auf die ich viel Wert lege. Das ist bei meiner Frau und mir so, wenn Sie selbständig sind, gehts wahrscheinlich gar nicht anders und das hat unsere Tochter halt auch früh mitbekommen. Die hat schon als kleines Mädchen gerne mal im Laden ausgeholfen, so am Samstag, wenn die Schule früher zu Ende war. Ich hab das natürlich immer entsprechend bezahlt, ich finde, die

Kinder können gar nicht früh genug den Wert von Geld lernen.
Das ist etwas, für das man hart arbeiten muß, das einem nicht in den Schoß geflogen kommt, und ich finde es überhaupt nicht schädlich, wenn die das früh mitkriegen. Also unserer Astrid hat das nie geschadet. Und nicht, daß ich da jetzt schon dran denke, aber der Mann, der unsere Tochter mal kriegt, also der heiratet doch das Geschäft gleich mit. Sowas muß man eigentlich zu zweit machen, da hängt so viel dran auch von Seiten der Buchhaltung, das macht allerdings überwiegend meine Frau, die hat das in grauer Vorzeit mal gelernt. Wie gesagt, zur Zeit machen wir es halt zu dritt, und das ist auch gut so, denn schließlich haben meine Frau und ich noch eine Weile die Gelegenheit, der Astrid ein paar Dinge mit auf den Weg zu geben, bevor wir uns vielleicht dann zurückziehen.
Der Erfolg von so einem Geschäft steht und fällt mit zwei Dingen, zum einen muß man fachlich was drauf haben, und zum anderen muß man Erfahrung mitbringen. Das Wissen kann man lernen, die Erfahrung ist eine Zeitfrage, die kommt nur dann, wenn man auch was tut – und wenn man halt Leute hat, die einem was beibringen können, es heißt ja auch immer »Lehrjahre sind keine Herrenjahre«, deshalb habe ich der Astrid auch gesagt, daß ich viel Wert darauf lege, daß sie bei uns im Haus wohnen bleibt. Und nicht nur wegen des Geldes, wir sind, wenn Sie so wollen, ein Familienbetrieb, und da gehört ein bestimmter Zusammenhalt dazu, und der kommt nicht nur über die Arbeit. Nicht daß Sie jetzt denken, ich würde unsere Tochter zwingen, bei uns zu bleiben, nein, wenn sie z. B. was anderes hätte lernen wollen, also meine Frau und ich hätten ihr keine Steine in den Weg gelegt, aber ich mache keinen Hehl daraus, daß es mir so natürlich lieber ist, und das gleiche gilt fürs Wohnen, wenn sie denn partout

woanders hätte Quartier beziehen wollen, – ich hätte sie nicht gehindert, aber besser ist es so, finde ich.«

Astrid arbeitet also nicht nur im Labor der Eltern, sondern wohnt auch noch unter einem Dach mit ihnen. Mit ihren 24 Jahren ist sie mehr oder weniger rund um die Uhr mit Mutter und Vater zusammen. »Die einzige Zeit, in der ich die beiden nicht so viel gesehen habe wie jetzt und zu Schulzeiten war eigentlich die Lehre. Mein Vater fand es richtig, daß ich die woanders mache, einfach, damit ich außer unserem auch noch einen anderen Betrieb kennenlernen konnte. Ich wollte eigentlich nicht so dringend das Geschäft meiner Eltern übernehmen, nicht daß ich nicht zu schätzen wüßte, was sie sich da aufgebaut haben, aber ich wäre so furchtbar gerne Kindergärtnerin geworden. Mein Vater weiß das auch, meine Mutter natürlich auch, aber damals, als das zur Diskussion stand – nicht, daß er mich wirklich daran gehindert hat, aber er hat so eine Art, mit mir umzugehen, da kann ich einfach gar nicht anders, da muß ich einfach machen was er will. Und wie er reagiert hat, als ich ihm das mit der Kindergärtnerin gesagt habe, da hat er das halt wieder gemacht wie immer, und dann habe ich die Fotolehre angefangen. Er hatte mir auch schon eine Stelle besorgt, ich glaube, ich war die Erste bei uns in der Klasse, die eine Lehrstelle hatte. Ja und da stand ich dann. Er hatte die Lehrstelle besorgt, praktisch alles schon festgemacht, und ich hatte ja nur ein Praktikum im Kindergarten gemacht, aber das hat mir sehr gefallen, ich bin gerne mit kleinen Kindern zusammen. Die Lehre hat mir schon Spaß gemacht, ich arbeite auch gerne im Geschäft, ich hab ja schon als Kind immer mitgeholfen, nur denke ich, daß es recht eng ist, wenn man so den ganzen Tag mit seinen Eltern zusammen ist. Deshalb habe ich auch neulich mal zaghaft angetippt, ob ich mir nicht vielleicht eine eigene Wohnung nehmen sollte, nicht weit weg, aber so, daß – ja wie soll ich das sagen – ich mir zumindest ein eigenes Leben aufbauen kann. Aber mein Vater war gar nicht begeistert. Er hat natürlich nicht gesagt, nein. Das ist es ja, das würde er nie tun. Es kommen dann ganz andere Dinge zum Vorschein, so zum Beispiel, ob mir denn irgend etwas fehlt, oder ob mir irgend etwas nicht recht sei und was noch alles. Und er weiß ganz genau, daß mir das schwer zu schaffen macht. Denn natürlich hat er viel für mich getan, und natürlich fehlt mir auch nichts, und vor allem ist mir auch alles recht, zu recht manchmal, und das ist ja gerade der Grund, warum ich gerne etwas mehr Abstand hätte.

Meine Mutter spielt bei diesen Dingen eher eine untergeordnete Rolle, das ist, glaube ich sowieso kennzeichnend für ihr Leben an der Seite meines Vaters. Er geht mit ihr sehr ähnlich um, wie mit mir, und sie kann sich dem auch kaum entziehen. Das Ärgerliche ist nur, wir können nicht wirklich darüber reden. Ich erinnere mich nur an ein einziges Gespräch in dieser Richtung und das liegt schon Jahre zurück. Das war, als ich so gerne Kindergärtnerin geworden wäre und den zaghaften Versuch – so muß man es wohl nennen – gemacht habe, mich durchzusetzen. Da habe ich einmal mit meiner Mutter darüber geredet, daß ich so gerne manche Dinge anders machen würde, aber das hat mir nichts geholfen, sie hat mich zwar verstanden, aber sie hat mich nicht unterstützt.

Vielleicht hätte sie ganz gerne gehabt, wenn ich den Kampf – und es wäre einer geworden, – geführt hätte, stellvertretend auch für sie. Aber sie hat es mir nicht zu verstehen gegeben und dementsprechend lief dann alles so ab, wie ich es von frühester Kindheit kenne. Es wird nur das und genauso gemacht, wie mein Vater es will. Ich weiß noch, wie er mich als Kind zum Beispiel vor Freunden und Bekannten immer unheimlich gelobt hat, wenn es darum ging, meine Pünktlich-

keit und ähnliche Eigenschaften in den Vordergrund zu stellen. Ich kann dazu nur sagen, daß ist mir schon als Kind unangenehm gewesen, weil ich schon damals empfunden habe, was ich heute noch denke, nämlich, daß ich was diese Dinge angeht ein völlig normales Kind gewesen bin. Aber mein Vater hat es geschafft, mir ständig diese Mischung aus Schuldgefühl und seinen Erwartungen genügen wollen einzureden, ohne mir jemals einen wirklichen Vorwurf zu machen. Ja und so ist es bis heute. Da sitze ich mit meinen vierundzwanzig Jahren und denke darüber nach, ob es wirklich das Leben ist, das ich möchte und wenn ja, ob ich es auch so weiterführen will, und weiß eigentlich ganz genau, daß ich es nicht möchte und finde keinen Weg, irgend etwas zu ändern.
Das Problem ist natürlich auch, daß ich nicht so sehr viel Zeit habe, mit Freunden etwas zu unternehmen, bzw. auch mal was in dieser Richtung zu besprechen. Wenn, dann sind die meistens eher auf Seiten meines Vaters, als daß sie mir folgen können. Die beneiden mich oft sowohl um das finanzielle Abgesichertsein durch das Geschäft, als auch um die Harmonie die zwischen meinen Eltern und mir herrscht. Wenn ich dann versuche zu erklären, daß man auch einen ganz schönen Preis dafür zahlt, verstehen sie das nicht.
Ich hatte einmal vor zwei Jahren einen Freund, abgesehen von kleinen Knutschereien, so mit sechzehn, siebzehn, war er der erste Mann in meinem Leben. Wir waren fast ein Jahr zusammen, und dann ging es, wenn ich ganz ehrlich bin, auseinander, weil er dringend wollte, daß ich von zu Hause ausziehe und ich nicht in der Lage war, das irgendwie hinzukriegen. Ja, wenn ich es mir recht überlege, das war der Grund, also da haben auch noch Kleinigkeiten eine Rolle gespielt, aber letztendlich habe ich mich nicht von zu Hause lösen können und da haben wir uns dann getrennt. Mir hat das damals sehr weh getan, ich hatte ihn schon gern, aber der hat

einfach keine Lust gehabt, jedesmal wenn er mich besuchen kam, erst mal eine Weile mit meinen Eltern, bzw. mit meinem Vater zu verbringen und auf der anderen Seite war er mit dem Auto flexibler als ich und konnte eher mal bei mir vorbeikommen, als ich bei ihm.
Ich weiß noch nicht genau, wie es sich alles entwickeln wird, ich weiß nur, wenn ich nicht irgendwann all meinen Mut zusammennehme und mich irgendwie von zu Hause löse, werde ich mein Leben als Tochter verbringen und eigentlich möchte ich das nicht.«

Astrid weiß ganz genau, daß sie das Leben so, wie sie es zur Zeit führt, eigentlich nicht will. Ihr großes Problem ist, daß sie in einer Form von innerer Abhängigkeit zu der ausgeprägten Autorität ihres Vaters steht, die es ihr zur Zeit noch unmöglich macht, sich von ihm in der notwendigen Weise zu distanzieren. Die Tatsache, daß sie, die eigentlich ein Junge werden sollte, das Geschäft der Eltern eines Tages übernehmen wird, macht ihr nicht mehr so zu schaffen, auch wenn sie dem eigentlichen Traumberuf Kindergärtnerin noch leise hinterhertrauert. Ihre Hauptschwierigkeit besteht vielmehr darin, daß sie nach der Trennung von ihrem Freund, die sie als große Niederlage empfunden hat, feststellen mußte, daß des Vaters Zugriff auf ihr Leben auch vor möglichen Einflüssen auf ihre etwaigen Zweierbeziehungen nicht halt macht.
Den ersten Schritt hat Astrid allerdings schon insofern vollzogen, als sie erkannt hat, wo die Schwierigkeiten sich befinden. Jetzt gilt es für sie, einen Weg zu finden, der ihr die Umsetzung zumindest in Form einer privaten Loslösung von ihren Eltern ermöglicht.
Astrids Vater hat sein Leben seinem Geschäft gewidmet. In einer Form, die es ihm völlig unmöglich macht, den Blick

nach links oder rechts zu wenden. Ohne Frage liegt ihm das Wohl seiner Tochter sehr am Herzen, aber wie alles in seinem Umfeld, ist auch sie für ihn untrennbar mit dem Fotolabor verbunden. Astrids Wünsche und Vorstellungen interessieren ihn nur dort, wo sie mit dem Labor entweder kollidieren oder eng zu verknüpfen sind. Für die Fälle, in denen Astrid andere Ideen von ihrer eigenen Zukunft oder gar ihrem Leben hat, hat er im Laufe der Jahre eine subtile Art entwickelt, sie in der Richtung zu manipulieren.

So subtil, daß seine Tochter, obwohl sie es sogar artikulieren kann, machtlos dagegen ist. Ihm selbst ist dieser Mechanismus gar nicht so bewußt. Zu oft lobt er seine Tochter und honoriert, was sie tut; er ist überglücklich in der Gewißheit, daß Astrid eines Tages sein Geschäft qualifiziert und liebevoll weiterführen wird. So wie er es sich ursprünglich von einem Sohn gewünscht hätte.

»Die Situation ist unerträglich.«

Ludger E., 29 Jahre, Bankangestellter
Konrad E., 66 Jahre, Rentner
Katarina E., 60 Jahre, Hausfrau

Ludger steht kurz vor seinem dreißigsten Geburtstag und lebt mit beiden Eltern in einem kleinen Häuschen etwas außerhalb von Hamburg. Er hat sowohl eine Banklehre, als auch ein Betriebs- und Volkswirtschaftsstudium abgeschlossen und arbeitet in der Revisionsabteilung einer Bank.
Ludger unterhält in der Stadt noch ein kleines Apartment, das seine Eltern nicht kennen. Er übernachtet nur äußerst selten dort und wenn, dann immer unter dem Vorwand, er habe lang zu tun, es werde spät und er bleibe bei einem Kollegen. Auf diese Weise hat er es bis heute verhindern können, daß die Eltern von der zweiten Bleibe ihres Sohnes wissen.
Der Vater ist pensioniert, die Mutter Hausfrau. Sie versorgt die beiden Männer so »wie ich das halt seit Luckis Geburt tue. Da gibt es nicht viel zu sagen. Ich bin gern für ihn da, er ist wirklich ein dankbarer Junge. Als er die Stelle bei der Bank bekommen hat – und da hatten sich ja viele beworben – hat er mir vom ersten Geld ein Armband gekauft.«
Die Eltern lieben ihren Sohn über alles und haben sich sein Studium im wahrsten Sinne des Wortes »vom Munde abgespart. Ich meine wir brauchen ja nicht viel, das Haus ist bezahlt und wenn man ordentlich wirtschaftet, und das haben wir beide gelernt, dann kann man schon noch ein paar Groschen übrig behalten. Und außerdem hat der Ludger auch immer während seines Studiums dazuverdient. Der hat ja lange eine eigene Band gehabt.
Da sind die dann so bei Hochzeiten und anderen Festen auf-

getreten, das hat ein bißchen was gebracht, und dann hat er viel Nachhilfe gegeben, immer schon.«

Voller Stolz zählt die Mutter auf, in welchen Fächern Ludger unterrichtet hat, als er noch zur Schule ging und weiß auch zu berichten, daß der Sohn auf der Universität auch »immer mehr zu denen gehörte, die Fragen beantworten konnten, wie zu denen, die Fragen gestellt haben«.

Ich bin auch so froh, daß der Junge noch bei uns ist, es hätte doch auch sein können, daß er vorzieht, irgendwo sein eigenes kleines Reich zu gründen. Ich hätte da viel Verständnis für und mein Mann sicherlich auch, aber so ist es uns doch viel lieber, schließlich haben wir das doch alles für ihn geschaffen, und es ist so schön, wenn man sehen kann, wie das eigene Kind genießt, wenn man es ein wenig verwöhnt.

Eines Tages werden wir das alles sicher an eine junge Frau abgeben müssen, da machen wir uns gar nichts vor, unser Ludger ist viel zu sehr familienorientiert, um immer allein zu bleiben, wir wundern uns so schon manchmal, daß er jetzt doch bald dreißig wird und noch immer nicht ein einziges Mädchen nach Hause gebracht hat, aber er wollte halt erst mal eine Position schaffen und dann kann man auch an so Dinge wie heiraten und Familie gründen denken. Mein Mann und ich würden uns sicher sehr freuen, wenn es denn mal soweit wäre, aber wir lassen dem Lucki alle Zeit, die er braucht.«

Ludger ist während des Gespräches mit seinen Eltern, in dessen Verlauf die Mutter sehr viel mehr sagt, als der Vater, eigentlich die ganze Zeit zugegen.

Er selbst bittet aber die beiden, uns allein zu lassen, als es daran geht, seine Meinungen und Ansichten zu äußern. Der Grund für sein Verhalten wird ganz schnell offenbar, als Vater

und Mutter den Raum verlassen haben. Es ist das Apartment in Hamburg, von dem die Eltern nichts wissen.
Ludger ist homosexuell und teilt sich die Kosten für das Zimmer mit Küche und Bad seit etwa einem Jahr mit seinem Freund. Die beiden treffen sich regelmäßig dort, meistens tagsüber, oder am frühen Abend. Selten verbringen sie gemeinsam die Nacht dort, da auch Ludgers Freund unter nicht ganz einfachen Umständen lebt.

»Die Situation, so wie sie ist, ist eigentlich ziemlich unerträglich für mich, aber ausziehen kommt derzeit aus den verschiedensten Gründen nicht in Frage. Meine Eltern würden niemals verstehen, wenn sie wüßten, daß ich ganz sicher nie ein Leben führen werde, so wie sie es sich vorstellen für ihren einzigen Sohn. Und wenn ich hier das Haus verlasse, bedeutet das ja gleichzeitig, daß ich mich um alles selbst bemühen muß, ich meine haushaltsmäßig. Nicht daß mir das zu viel wäre, es geht dabei überhaupt nicht um die Arbeit, aber ich glaube einfach, solange ich auch nur einigermaßen in der Nähe wohne, wird meine Mutter es sich nicht nehmen lassen, da helfend einzugreifen. Ich könnte ihr das auch nicht verbieten. Sie ist wirklich Zeit meines Lebens in einer Weise um mich bemüht gewesen, wie es wohl ganz wenigen Kindern zuteil wird. Ich habe die Wärme immer sehr genossen und gleichzeitig glaube ich, daß es ihr auch eine Art Bedürfnis war und ist, sich in dieser Weise zu kümmern.
Mein Problem ist aber im Hinblick auf meine Eltern eigentlich viel mehr, daß ich in Wirklichkeit für ein ganz anderes Leben geboren bin, als sie sich das vorstellen.
Da sitzt der echte Konflikt. Ich weiß nicht, wie ich ihnen das beibringen soll, vermutlich – wie gesagt – gar nicht. Und das bedeutet, daß ich entweder zu Hause wohnen bleiben werde, bis meine Eltern eines Tages nicht mehr sind, oder daß ich

mich in eine andere Stadt bewerbe. Als ich anfing zu arbeiten, also ziemlich kurz nach dem Studium, habe ich das schon einmal ernsthaft in Erwägung gezogen. Aber dann habe ich meinen jetzigen Freund kennengelernt, und der ist hier beruflich stark gebunden, kann entsprechend halt nicht einfach so die Stadt wechseln, deshalb habe ich den Wunsch erstmal hintenan gestellt.

Irgendwann wird es sich schon ergeben.

Ich kann mit meinen Eltern nicht darüber sprechen, daß ich schwul bin. Sie würden es nicht verstehen. Die Einstellung meines Vaters ist völlig klar, er hält das für etwas Krankhaftes und meine Mutter würde sofort anfangen, den Fehler bei sich zu suchen.

Natürlich ist das eine eigenartige Lebensform, die ich da derzeit pflege. Offiziell das kleinbürgerliche Zuhause bei den Eltern, was ja in meinem Alter nicht unbedingt der Norm entspricht und dann nebenher das Zimmerchen. Aber damit erkaufe oder besser spiele ich mir selber ein Stückchen Freiheit vor. Ich weiß natürlich, daß ich sie nicht wirklich besitze, aber für die Momente, die wir dort sind, kann ich vor mir selber so tun, als hätte ich sie. Das läßt mich dann den Rest ganz gut aushalten. Ich habe sonst das Gefühl, ich bin gefangen. Nichts, wirklich gar nichts gegen meine Eltern, aber natürlich ist das alles hier nicht im mindesten meine Lebensform, deshalb brauche ich als Ausgleich diese winzige Wohnung in der Stadt, und wenn sie noch kleiner wäre, sie wäre wichtig für mich, einfach damit ich mich nicht verliere.«

Ludger liebt und respektiert seine Eltern sehr. Seine Entscheidung, sein Leben eigentlich gegen seine eigenen Bedürfnisse zu gestalten, basiert im wesentlichen auf der Rücksichtnahme den beiden Menschen gegenüber, die für ihn ihr Leben und ihre persönlichen Wünsche immer hintenan gestellt haben. Sie zu enttäuschen oder gar zu verletzen ist etwas, das er um jeden Preis zu vermeiden versucht. Seine Dankbarkeit dafür, daß sie ihm die Lehre und darüber hinaus ein Studium ermöglicht haben ist groß. Mit Geschenken und regelmäßiger Präsenz versucht er einen Teil dessen, was sie für ihn getan haben auf seine Weise und im Rahmen seiner Möglichkeiten wiedergutzumachen. Er weiß ganz genau, daß beide sehr stolz auf ihn und seinen beruflichen Erfolg sind; und er weiß auch, daß die Eltern ihn zu ihrem Lebensinhalt gemacht haben. Beide führen ihr bescheidenes Dasein tagsüber nur mit dem Blick auf die Uhr und warten mehr oder weniger darauf, daß er nach Hause kommt. Sie brauchen ihn ebenso, wie er sie lange Jahre gebraucht hat, um seine beruflichen Pläne zu realisieren. Daß er sich streckenweise einer großen Belastung ausgesetzt fühlt, erklärt sich leicht aus dem zweischichtigen Leben das er aus diesen Gründen – wie er meint – zu führen gezwungen ist. Dennoch ist der Druck nicht so groß, als daß er dafür in Kauf nehmen wollte, den Eltern den Traum vom perfekten Sohn, der eines Tages auch Frau und Kinder haben wird, zu zerstören. Die Frage, das Elternhaus offiziell zu Lebzeiten seiner Eltern noch zu verlassen, stellt sich zwar von Zeit zu Zeit, aber letztendlich würde er vermutlich auch ohne den festen Freund in der Stadt zu haben, nicht in eine andere Stadt wechseln. Allein der Gedanke, die Möglichkeit zu haben, alleine zu leben, ist auch ein Stückchen von der vermeintlichen Lebensfreiheit, die er sich unter anderem mit der kleinen Zweit-Wohnung erkauft.

»Irgendwann zieh ich schon aus, nur keine Hektik!«

Ralph H., 23 Jahre, Elektriker
Christoph H., 55 Jahre, KFZ- Meister
Lore H., 52 Jahre, Hausfrau

Ralph hat noch nie außerhalb des Elternhauses gewohnt. Seine Mutter ist diejenige, die sich um alles kümmert, was seinen Haushalt betrifft. Das heißt, sie sorgt sowohl für einen gefüllten Kühlschrank als auch für gebügelte Overalls, die er für seine Arbeit braucht und dafür, daß die beiden Zimmer, die er im elterlichen Reihenhäuschen bewohnt, immer sauber sind. Zufrieden ist sie mit der Situation in keiner Weise, denn:

»Sowas wie bei uns gibt es, glaube ich, in keinem anderen Haushalt, Ralph ist ein fleißiger Junge und erledigt seine Arbeit völlig ohne Probleme und sehr zuverlässig, glaube ich. Dafür streckt er zu Hause wirklich, wie er zur Tür rein kommt, alle Viere von sich. Der rührt keinen Finger. Wenn ich nicht dafür sorgen würde, daß er was zu essen bekommt, ich glaube, er würde grad verhungern.

Das ist ja auch mit ein Grund, warum ihn die Christiane verlassen hat.«

Seit etwa einem halben Jahr ist Ralph von Christiane geschieden, er hatte die gleichaltrige Frau vor drei Jahren kennengelernt und kurz darauf geheiratet. Christiane zog mit zu Ralphs Eltern, die daraufhin ihr eigenes Schlafzimmer räumten und ins Gästezimmer verlegten, damit das junge Paar wenigstens zwei Zimmer bewohnen konnte. Küche und Bad wurden gemeinsam benutzt. Ralph und Christiane hatten eigentlich vor, auf diese Weise so viel zu sparen, daß sie sich mit der zusätzlichen Hilfe eines Bausparvertrages, den Ralphs Eltern schon vor langer Zeit für ihren Sohn abgeschlossen hatten, selbst etwas hätten kaufen können.

»Wir haben damals, oder was heißt damals, so lange ist das ja noch gar nicht her, eigentlich begrüßt, daß die Christiane auch ins Haus kam. Das war ein tüchtiges, liebes Mädchen. Und den Gedanken, die Miete erstmal zu sparen und dann in einem oder zwei Jahren sich was leisten können, den fanden mein Mann und ich eigentlich gut. Schließlich haben wir ja den Platz, also, warum sollen die jungen Leute ihn nicht nutzen.
Solange die Christiane noch da war, war das auch für mich keine Belastung, die hat alles mitgemacht, also daß es da Probleme gegeben hätte, so wegen Küche benutzen oder Bad, nicht ein einziges Mal.
Aber jetzt, wo die beiden sich getrennt haben, spielt Ralph wieder das Kind im Haus, das stinkt mir schon manches Mal gewaltig. Ich habe schließlich auch noch meinen Mann zu versorgen und jetzt den erwachsenen Kerl noch dazu, also, wenn ich mir das Ergebnis angucke, muß ich eigentlich sagen, so leid es mir tut, haben wir einen Fehler gemacht, daß wir das damals so angeboten haben.
Auch mit den Zimmern, ich hätte schon gerne mein Schlafzimmer wieder, ich meine, das war ja wie gesagt nur für die Zeit, die die beiden brauchen, um sich etwas Geld beiseite zu legen. Das war ja nicht so gemeint, daß der Ralph da jetzt sein Leben verbringt.«

Ralphs Vater hat keine so deutliche Meinung zur häuslichen Situation, wie seine Frau. Ihm ist das »alles mehr oder weniger egal. Wenn die Frau keine Lust hat, dem Ralph die Wäsche zu waschen, dann muß sie es einfach lassen. Ansonsten

stört er mich nicht weiter, ich finde es sogar manchmal ganz nett, wenn er da ist, so abends auf ein Bierchen oder zwei, das ist doch nichts Verkehrtes.
Mir hat das auch gefallen, wie die Christiane noch da war, das war eine nette Frau, so ganz reell, schade eigentlich, daß die auseinander sind, aber da stecken Sie ja auch nicht drin, also wir haben es ja eigentlich hautnah miterlebt, aber sagen kann ich dazu trotzdem nichts.«

Ralph selbst empfindet die von seiner Mutter geschilderten Schwierigkeiten als »aufgebauscht! Meine Mutter! Wissen Sie, die hat ein Problem und das ist, daß sie glaubt, wenn der Laden nicht so läuft, wie sie es für richtig hält, dann läuft er eben nicht richtig. Und das ist ein ganz großer Irrtum. Wer sagt denn, daß ich abends, wenn ich von der Arbeit komme, unbedingt warm essen muß? Außer meiner Mutter niemand.
Ich habe sogar Tage, da würde ich mich viel lieber mit einem Brot und einem Bier vor die Kiste knallen, als in Familie zu abend zu essen. Aber da geht kein Weg dran vorbei, wenn meine Mutter gekocht hat, wird gegessen. Ich beklag mich ja nicht über sie, ist ja auch alles gut gemeint, aber sie soll nicht ständig mit diesem Schwachsinn kommen, von wegen, es wär ihr zu viel, daß ich hier wohne, und sie hat doch auch noch den Vater zu versorgen, na das ist doch wohl normal, oder, den hat sie schließlich vor einer halben Ewigkeit geheiratet und seit dem schafft er ja auch ordentlich Kohle ran, das Haus hat sich ja auch nicht von selbst hingestellt, oder? Ja, ich weiß, sie will ihr Schlafzimmer wieder haben, sagt sie ja ständig, daß sie das will. Aber wofür? Das Zimmer, in dem die beiden jetzt schlafen, ist zwar kleiner, aber doch auch nett in Ordnung, und so besonders viel sind die da sowieso nicht. Also, warum jetzt noch mal den ganzen Kram umräumen,

das heißt doch auch wieder streichen und all das Zeug, weil ich hab ja da jetzt mein Wohnzimmer und da wird natürlich auch geraucht. Na, irgendwann werde ich schon ausziehen, nur keine Hektik.
Ich glaube ja wohl kaum, daß die Christiane meine letzte Frau gewesen ist, da wird schon noch eine vorbeikommen, mit der sichs dann aushalten läßt. Und dann wird man sich ein gemeinsames Heim suchen, so stelle ich es mir jedenfalls vor. Aber jetzt im Moment ists mir grad recht, so wie es ist.
Und meiner Mutter sag ich wirklich immer, sie soll sich nicht so stressen. Wenns bei mir mal nicht so sauber oder ordentlich ist, dann muß sie doch nicht putzen, oder um Gottes willen auch noch aufräumen, dafür hab ich doch die beiden Zimmer, damit diese Dinge nicht so eine Rolle spielen, aber das sieht sie halt einfach anders. Und auch mit der Wäsche, natürlich ist es mir angenehm, wenn sie sich darum kümmert, aber waschen zum Beispiel kann ich wunderbar. Ich bin doch kein unfähiger Trottel! Ich will's nur halt nicht immer gerade dann machen, wenn sie kommt und sagt, jetzt wär genug Zeug für eine Blau- oder sonst eine Wäsche zusammen. Und wenn ich dann nicht gleich spure, zack ist sie im Bad und sucht sich den Kram selber zusammen. Brummelt irgendwas und verzieht sich an die Waschmaschine. Wie früher, als ich Kind war, wenn's nicht gleich so war, wie sie es wollte, war sie sauer.

Ralph empfindet die Tatsache, daß er im Hause seiner Eltern lebt und dort zwei Zimmer bewohnt als völlig normal und richtig. Mutter und Vater haben ihm seinerzeit, als er heiratete den Vorschlag gemacht, gemeinsam dort zu wohnen, und er sieht für sich keinerlei Veranlassung, daran etwas zu ändern. Einig mit seinem Vater sieht er eher Vor- als Nachteile und genießt es gerade nach der Tennung von seiner Frau, nicht alleine sein zu müssen, wenn er abends nach Hause kommt. Sein Verhältnis zur Mutter ist nicht ganz unangespannt. Offensichtlich spielen dabei auch Konflikte, die ihren Platz in der Kinder- und Jugendzeit hatten noch eine Rolle. Seine Bereitschaft, gewisse Dinge im Haushalt zu übernehmen, ist ehrlich, aber dann, wenn er sie machen möchte und nicht auf Befehl. Seine Mutter tut sich mit dieser Einstellung schwer.

Gewohnt den Haushalt im Griff zu haben und nach ihren Maßstäben funktionieren zu lassen, kann sie sich nicht gut von ihren Vorstellungen, wie alles zu sein hat, lösen, dementsprechend nützt ihr das Angebot des Sohnes, für seine Wäsche selbst zu sorgen wenig, denn auch das würde sie in ihrem gewohnten Rhythmus stören. Ralph ist sicher, daß er eines Tages ausziehen wird, wann das sein könnte, weiß er noch nicht und macht den Zeitpunkt abhängig davon, wann und wie er eine Frau kennenlernt, mit der er leben möchte.

Bis dahin will er zu Hause bleiben und ist sich ziemlich sicher, daß die kleinen Querelen mit seiner Mutter nie Anlaß sein werden, die Situation, so wie sie derzeit ist, zu ändern.

»Ich find's schön hier.«

Inge B.,63 Jahre, Rentnerin
Heidi B., 44 Jahre, Aushilfsarbeiten
Kurt B., 42 Jahre, Fahrer

Inge ist dreiundsechzig Jahre alt, Witwe seit mehr als dreißig Jahren und wegen eines Bandscheibenleidens frühzeitig pensioniert.
Bis sie in Rente ging, arbeitete sie vorwiegend im Lager eines Supermarktes. Heute bessert sie ihre Rente damit auf, daß sie gelegentlich – soweit es ihr Rücken zuläßt – putzen geht.
Inges Mann ist bei einem Arbeitsunfall ums Leben gekommen, die beiden Kinder, Heidi und Kurt waren damals elf und dreizehn. Inge hat ihre Kinder allein großgezogen, teilweise Nachtarbeit angenommen, um trotz des »Broterwerbs für die Kinder dasein zu können. Das war teilweise so anstrengend, daß ich die Abende, wo ich nicht gearbeitet habe, wie tot ins Bett gefallen bin; aber wo schon der Vater nicht mehr gelebt hat, brauchten die Kinder doch wenigstens mich, daß sie einen Ansprechpartner hatten, wenn sie aus der Schule kamen.«

Heidi, die Ältere, macht Abitur, Kurt verläßt nach der mittleren Reife die Schule. Zu dieser Zeit leben beide mit der Mutter in einer Dreizimmerwohnung, die Kinder haben je ein Zimmer, Inge selbst schläft auf einer Klappcouch im Wohnzimmer.
Nach der Schule beginnt Heidi Mathematik zu studieren. »Unsere Heidi war die erste in der Familie, die auf der Uni gewesen ist. Ich hab sie da sehr unterstützt, man hat doch heute wirklich bessere Chancen, grad als Mädchen, wenn man stu-

diert hat. Und die hatte auch wirklich das Zeug dazu, die war schon auf der Schule gut in den Naturwissenschaften. Ganz anders als unser Kurti, den hat das immer nicht interessiert.«

Heidi bricht irgendwann sehr zum Kummer der Mutter ihr Studium ab, Kurt beendet zwar die kaufmännische Lehre, findet aber keine Arbeitsstelle und jobbt heute als Fahrer in einem Containerverleih. Heidi verdient sich ein paar Mark im Monat, indem sie nachts an der Rezeption eines Kurhauses Dienst macht. Noch immer, obwohl inzwischen beide über vierzig Jahre alt, wohnen Heidi und Kurt mit ihrer Mutter gemeinsam in der Wohnung.

Inge hat sich zwar längst daran gewöhnt jeden Abend ihre Couch auszuklappen, aber: »manches Mal überlege ich mir doch, warum ich mir das antue, ich arbeite jeden Tag, obwohl ich's so mit dem Kreuz habe, mache den ganzen Haushalt, weil die Heidi ist sich aus irgendwelchen Gründen zu schade dafür, außerdem, wenn die Nachtdienst gemacht hat, schläft die morgens immer so lang, bis sie dann aus den Federn ist, habe ich schon längst alles erledigt.

Der Kurt geht ja früh aus dem Haus, die müssen da noch vor sieben anfangen. Ich steh dann immer mit ihm auf, richte ihm sein Frühstück und seh, daß er sich auch was mitnimmt für über Mittag.

Manchmal kann er sich's auch so einrichten, daß er mit dem LKW mittags bei mir vorbeikommen kann. Wenn ich das im voraus weiß, denn koche ich ihm was. Der ist ja immer noch so schwierig mit dem Essen, wie früher. Eigentlich habe ich mir das alles ganz anders vorgestellt, und wenn mein Mann noch leben würde, der hätte auch dafür gesorgt, daß die Heidi was Ordentliches lernt. Da sitzt die mit ihren dreiundvierzig Jahren immer noch in meiner kleinen Küche und läßt

sich gegen Mittag das Frühstück servieren. Ich bin auch blöd, daß ich es mache, weiß ich. Das hat mir meine Freundin schon vor zwanzig Jahren gesagt, als man sehen konnte, daß die Kinder keine Anstalten machen, wegzuziehen, da hat die mich schon gewarnt. Aber ich hab nicht hören wollen.
Ich hätte auch ganz gerne nochmal jemand kennengelernt, aber so ging das ja überhaupt nicht. Wie ich noch jünger war, bin ich manchmal mit dem Bus für ein Wochenende weggefahren und ein paar Mal sogar zum Tanzen gegangen, das war auch immer nett, aber die meisten Leute, die da hin sind, waren zu zweit und dann kam ich mir einfach blöd vor, so allein, ich dachte immer, die denken, ich wäre auf Männerfang. War ich ja wohl auch, aber ich wollte nicht, daß man es merkt. Es ist nicht so, daß es mich nun ständig ärgert, daß die Heidi und der Kurt noch mit mir wohnen, da sind sogar Tage, wo ich ganz froh bin, daß sie da sind, weil sonst wäre ich doch arg allein, aber was mich wirklich stört, ist, daß die Heidi nichts Rechtes schafft, und daß die beiden sich noch immer so von mir bedienen lassen. Ich könnte natürlich hergehen und einfach nichts mehr machen, aber da ist das Problem in so einer kleinen Wohnung, daß man natürlich immer sofort sieht, wenn irgend etwas liegenbleibt.
Wenn ich in der Küche das Geschirr am Morgen nicht wegräume, kann ich mittags nicht kochen. Und meine beiden machen es nicht, ich hab's schon versucht. Was ich nicht spüle und wieder in die Schränke stelle, steht noch acht Tage später da.« Nur einmal in ihrem Leben hat Inge sich »auf die Hinterbeine gestellt. Das war, wie die Heidi den Horst kennengelernt hat. Da kam sie, na und hat ihn mir dann irgendwann auch vorgestellt und dann blieb der eine Nacht und noch eine und plötzlich war's eine Woche. Und das hab ich mir eine Weile angeschaut, wie die dann zu zweit mittags vor ihrem Kaffeebecher gesessen sind und dann hab ich gestreikt.

Da bin ich hin zur Heidi und hab ihr gesagt, daß ich die Wohnung verlasse und wenn ich in ein Zimmer ziehe, aber noch einen festen Mitbewohner wollte ich nicht. Der Horst hat natürlich gemeint, es ginge gegen ihn, das hatte aber mit ihm gar nichts zu tun. Wir verstehen uns gut und ich freu mich auch, wenn er vorbeikommt, aber noch ein fester Mitbewohner und wir wären wirklich aus allen Nähten geplatzt.«

Heidi und Kurt finden durchaus auch, daß es »ein bißchen eng für drei Personen in der Wohnung ist«. Dennoch können sie sich eigentlich nicht vorstellen, jemals auszuziehen. Heidi schon deshalb nicht, »weil ich ja gar nicht genug Kohle verdiene, um mir heutzutage eine eigene Wohnung zu leisten«, und Kurt, weil er »es als ausgesprochen lieb von der Mutti« empfindet, wie sie für ihn sorgt.
Daß Inge diejenige ist, die jeden Abend als letzte ins Bett kommt, weil sie im Wohnzimmer schläft, wo selbstverständlich auch der von allen genutzte Fernseher steht, daß sie dennoch jeden Morgen mit Kurt in »aller Herrgottsfrühe« aufsteht, läßt die beiden »im Traum nicht daran denken«, daß einer von ihnen eventuell mit der Mutter das Zimmer tauschen könnte.
Heidi hat sich »so an alles hier gewöhnt, daß ich mir wirklich kaum vorstellen kann, mal irgendwann anders zu leben. Also natürlich hab ich da auch mit dem Horst schon drüber geredet, aber ich mag's gern hier so mit der Mutti. Und mit dem Horst zusammenleben, erstens würden wir das auch zu zweit kohlemäßig nicht hinkriegen und zweitens wär mir das mit einem Mann auch einfach zu eng. So mit dem Kurt und mit der Mutti, das ist, wie als wir noch klein waren, da hat sich nicht viel geändert. Und mir ist das angenehm. Ich fühl mich nicht irgendwie unter Druck, kann mir meine Zeit so einteilen, wie ich das haben möchte und muß keinerlei Verpflich-

tungen eingehen, außer, daß ich der Mutti natürlich beim Einkaufen und solchen Sachen helfe, das ist selbstverständlich.«

Inge hat eine ausgesprochen liebevolle und intensive Beziehung zu ihren Kindern. Auch wenn sie sich zwischendurch von Zeit zu Zeit über die beengten Wohnverhältnisse beklagt, kann sie sich inzwischen eigentlich nicht mehr vorstellen, ohne ihre Kinder zu leben. Mit dem Punkt, an dem klar war, daß die beiden lieber mit ihr zusammen wohnen möchten, als sich eine eigene Bleibe zu suchen, hat sie unter anderem auch den Traum, noch einmal einen anderen Partner kennenzulernen, begraben. Heidi und Kurt ersetzen ihr längst das, was sie vielleicht an Ansprache vermißt hat, solange die beiden klein waren und sie mit dem Verlust ihres Mannes fertigwerden mußte. Sie macht zwar keinen Hehl daraus, daß sie über Heidis Entscheidung, das Studium abzubrechen, das die Mutter sich so sehr für die Tochter gewünscht hatte, enttäuscht ist, aber ihrer Nähe zur erwachsenen Tochter tut das keinen Abbruch. Kurt nimmt sowieso bei ihr eine Sonderstellung ein, er ist der Jüngere und sie hatte immer schon eine ganz starke Affinität zu ihm. Das Gefühl, ihn versorgen zu können, ist ihr immer sehr wichtig gewesen, und sie ist heute sehr glücklich darüber, daß ihr Sohn sie eigentlich noch immer genauso braucht und dementsprechend beansprucht, wie er es zu Kinderzeiten getan hat. Wie früher kocht sie besondere Sachen für ihn und kümmert sich sogar darum, daß er immer die Getränke im Haus hat, die er gerne mag. Seinerzeit ist sie sehr ähnlich mit ihrem Mann umgegangen, und diese Fürsorge hat sie ganz und gar auf den Sohn übertragen. Kurt seinerseits ist ihr ein außerordentlich liebevoller Sohn. Ist er am Wochenende zu Hause, hilft er seiner Mutter – wie seine Schwester – gerne bei schweren und um-

fangreichen Einkäufen und macht ihr häufig kleine Geschenke.
Inge sieht längst auch deutliche Vorteile für sich, die aus dem Zusammenleben mit ihren erwachsenen Kindern resultieren. Sie hat zum Beispiel überhaupt keine Angst davor, eines Tages alleine zu sein, wenn sie alt ist. Davon ausgehend, daß die Kinder sich dann so um sie kümmern werden, wie sie das heute tut. Ihren Teil heute trägt sie gerne dazu bei, daß das Verhältnis stabil und von gegenseitiger Zuneigung geprägt bleibt, in der Hoffnung, daß sie eines Tages ernten wird, was sie gesät hat. Das schließt gelegentliche Klagen über die Menge der Arbeit, die sie mit den beiden hat, nicht aus, aber ernsthaft ist sie nicht unglücklich über die Situation, wie sie derzeit ist. Ihre Kinder fühlen sich sehr wohl mit der Mutter, so wohl, daß für beide unter gar keinen Umständen in Frage kommt, die Wohnung zugunsten einer eigenen zu verlassen. Auch Heidi, die nicht einmal alleine leben müßte, wenn sie sich mit ihrem Freund Horst etwas gemeinsames suchen würde, zieht die derzeitige Situation deutlich jeder anderen Lebensform vor. Sie erfreut sich an der harmonischen Nähe, die im Haushalt herrscht und genießt ausgesprochen gerne die Fürsorge der Mutter. Gleichzeitig sieht sie klarer als ihr Bruder Kurt, auch, daß Inge eine ähnliche Leistung eines Tages unter Umständen auch von ihr fordern könnte. Das schreckt sie aber in keiner Weise. Gefragt, ob sie sich die Umkehrung der Verhältnisse denn vorstellen könne, antwortet sie ganz eindeutig zu Gunsten ihrer Mutter, der sie ein geradezu phänomenales Engagement für ihre Kinder bescheinigt. Sie räumt ihr das Recht ein, eines Tages ähnliches zurückzuerhalten.

»Ich bin zu Hause geblieben und trotzdem ausgezogen.«

Matthias K., 22 Jahre, Student
Claudia K., 51 Jahre, Werbegrafikerin
Helmut K., 54 Jahre, Versicherungskaufmann

Matthias ist nach der Scheidung der Eltern gemeinsam mit seinem Bruder bei der Mutter aufgewachsen. Die Eltern haben sich seinerzeit freundschaftlich getrennt und leben beide in Fulda. Die Söhne haben sowohl zum Vater als auch zur Mutter ein gutes Verhältnis. Während Matthias älterer Bruder schon vor Beginn seines Studiums in eine Wohngemeinschaft gezogen ist und heute in Italien lebt und arbeitet, wohnt Matthias noch/ wieder zu Hause. Nach dem Abitur leistete er zunächst seine Wehrpflicht ab und fuhr an den Wochenenden nach Fulda. Inzwischen hat er den Bund hinter sich und einen Studienplatz für Theaterwissenschaften, Germanistik und Geschichte in seiner Heimatstadt »ergattert«.
»Ich wollte unbedingt in Fulda bleiben. Das ist mir einfach die liebste Stadt in Deutschland. Und ein Studium im Ausland kam für mich nicht in Frage, ich spreche einfach keine Sprache gut genug, um dort lernen zu können. Das ist anders als bei meinem Bruder, der hat unheimlich früh angefangen, sich für andere Länder zu interessieren und dementsprechend auch für die Sprachen.«
Eigentlich hatte Matthias vor, zu Beginn des Studiums mit seiner Freundin gemeinsam eine Wohnung zu nehmen. Doch dann ging die Beziehung, noch während er bei der Bundeswehr Dienst tat, auseinander, und folglich mußte er »neu nachdenken«. »Ich wäre einfach zu Hause geblieben, bei meiner Mutter, aber sie hatte sich gerade selbständig gemacht und brauchte mein ehemaliges Zimmer als Büro.

Ich hatte ja auch gedacht, daß ich in jedem Fall ausziehe, von daher kann ich ihr keinen Vorwurf machen. Nur ist es ein ganz schön bescheidenes Gefühl, wenn Dich gerade die Freundin sitzen lassen hat, und Du gleichzeitig auch noch zu Hause rausfliegst. Dabei war es ja gar kein richtiges Rausfliegen, aber ich habe mich ein bißchen so gefühlt. Ja, und dann war es so, daß ich mich schon ernsthaft bemüht habe, eine Wohnung zu finden, aber das ist in Fulda irre schwer. Ständig mit der Zeitung unterm Arm und trotzdem war nichts dabei, was ich mir hätte leisten können. Außer vielleicht zur Untermiete, aber das wollte ich nicht. Da hab ich mir drei Sachen angeschaut, die Zimmer waren sogar eigentlich ganz passabel, aber was man da alles nicht darf und man muß sich dann nach irgendwelchen wildfremden Leuten richten, das ist nicht mein Ding, das habe ich ganz schnell gemerkt.
Jetzt haben wir die absolute Superlösung gefunden, das heißt Helmut (der Vater) ist drauf gekommen, der hat bei sich einfach das Zimmer frei gemacht, in dem wir auch als Kinder manchmal geschlafen haben, wenn wir bei ihm waren, und da wohne ich jetzt.
Eine Art Wohngemeinschaft mit meinem Vater. Aber so richtig mit gleichverteilten Rechten und Pflichten. Macht total Laune. Das Tolle ist, daß er auch weniger pingelig ist als meine Mutter, was Ordnung und so Sachen angeht. Also jeder von uns kann machen, was er will, Streß haben wir eigentlich ganz selten, und für mich hat es einen enormen Vorteil, weil Helmut natürlich schon mal eher was springen läßt, wenn's um Einkaufen und sowas geht. Also ich kriege halt monatlich Geld, und soll auch eigentlich damit auskommen, wir haben eine Haushaltskasse eingeführt, da zahlen wir beide ein, aber wenn man es überprüfen würde, ist doch klar, daß er schon eine ganze Menge mehr zahlt als ich.
Also im Prinzip bin ich zu Hause geblieben und trotzdem ir-

gendwie ausgezogen. Helmut hat allerdings schon gesagt, daß er nicht will, daß das ein Dauerzustand wird. Ich glaube, das ist gar nicht so sehr, weil er nicht da mit mir leben möchte, sondern das hat mehr damit zu tun, daß seine Freundin es, glaube ich, auf die Dauer nicht so genial findet, wenn ich ständig da bin. Kann ich auf der einen Seite auch verstehen, auf der anderen Seite, also Familie bin ja nun mal ich. Und ich möchte das schon noch eine Weile so beibehalten, also nur wenn's keine Hektik gibt, so gefühlsmäßig meine ich. Vielleicht gehe ich ja doch auch irgendwann mal in eine andere Stadt, aber so lange ich in Fulda bin, finde ich es unübertrefflich.«

Matthias Eltern sind sich in der Bewertung dieser Lösung ziemlich einig. Beide sehen, daß schnell etwas gefunden werden mußte, damit Matthias eine Bleibe hat. Beide stehen aber auch auf dem Standpunkt, daß »die Jungen erst wirklich erwachsen werden, wenn sie gezwungen sind, wirklich auf eigenen Beinen zu stehen. Nicht unbedingt finanziell, das kann man von jemand, der gerade mit dem Studium angefangen hat, wohl nicht so verlangen, aber es ist eine Frage der eigenen Verantwortlichkeit. Und die stellten sich erst dann ein, wenn man selber dafür gerade stehen muß, wenn irgend etwas kaputtgeht, oder die Musik die Nachbarn stört bis hin zu so Kleinigkeiten, wenn man die falsche Mülltonne benutzt hat. Ich habe mich in enger Zusammenarbeit mit meinem Exmann sehr bemüht, die Jungen früh zu Selbständigkeit und Verantwortungsbewußtsein zu erziehen. Ich glaube, das ist auch ganz gut gelungen. Sie sind beide sehr hilfsbereit und gucken auch mal links und rechts, ob irgend etwas getan werden muß, was nicht unmittelbar nur ihre eigenen Bedürfnisse betrifft. Aber ich habe beim Großen gesehen, wie der sich nochmal verändert hat, als er von zu Hause auszog.

Und das ist halt ein Prozeß, den der Matthias so noch nicht durchgemacht hat, den ich aber für ungeheuer wichtig halte. Auch wenn die beiden jetzt das Gefühl haben, sie leben da in einer paritätischen Wohngemeinschaft, Fakt ist doch, daß der Helmut der Vater ist. Und wenn's irgendwelche Probleme gibt, ist er es selbstverständlich, der tagelang dem Klempner hinterhertelefoniert oder sich kümmert, daß die Getränke geliefert werden; und all diese Kleinigkeiten sind es doch, die letztendlich den Alltag ausmachen. Also unabhängig davon, daß der Matthias sich da jetzt sehr wohl fühlt – und ich gönne es ihm ja auch von Herzen – ist es natürlich so, daß ich schon eher dafür gewesen wäre, er hätte etwas für sich allein oder eben mit Freunden gefunden. Es ist einfach ein Unterschied, ob man sich mit Gleichaltrigen arrangieren muß, wer die Küche wieder in einen benutzbaren Zustand versetzt, oder ob der Vater eine Putzfrau bezahlt, die das dreimal in der Woche erledigt.«

Helmut teilt die Ansicht seiner geschiedenen Frau weitgehend: »Ich habe das nicht für möglich gehalten, muß ich ganz ehrlich sagen, aber Claudia hat recht gehabt, sie hat mir oft gesagt, wenn ich fand, daß sie zu streng mit den Bengels ist, reich ihnen nicht den kleinen Finger, sonst kugeln sie Dir den Arm aus dem Schultergelenk. Und es stimmt. Also, ich finde es hochamüsant mit Matthias die Wohnung zu teilen, aber die Selbstverständlichkeit, mit der er die entscheidenden Dinge mir überläßt, ist schon grandios. Ich habe ihm schon ein paarmal gesagt, daß er sich genau wie ich um bestimmte Dinge zu kümmern hat, aber er fühlt sich einfach nicht zuständig. Er ist halt gewohnt, versorgt zu werden, und auch wenn die Claudia sehr darauf geachtet hat, daß die beiden ihren Teil was Hausarbeit betrifft beigetragen haben. Es geht die Birne im Flur kaputt, na, dann ist sie eben kaputt,

und zwar so lange, bis ich sie auswechsele; geht sie in seinem Zimmer in die Brüche, hat er ruckzuck eine neue drin. Alles, was zwar zum Funktionieren des Haushaltes gehört, aber nicht unmittelbar in seinem persönlichen Feld geschieht, überläßt er automatisch mir.
Ich habe natürlich auch keine Lust, ständig an diesem erwachsenen Kerl herumzuerziehen, aber Claudia hat völlig recht, wenn sie sagt, der muß bald eine eigene Bude haben, sonst ziehen wir da noch nach der Volljährigkeit einen Pascha ran und das ist wirklich das letzte, was mir vorschwebt.«

Matthias genießt die momentane Situation geradezu über alle Maßen. Mit dem Auszug aus der Wohnung seiner Mutter, hat er ein Stück seiner Kindheit hinter sich gelassen. Gleichzeitig ist das, was er die Wohngemeinschaft mit seinem Vater nennt, keine Wohngemeinschaft im klassischen Sinne. Matthias ist auch in diesem Zusammenhang noch immer ein Stück Kind und findet diesen Zustand offenbar ausgesprochen angenehm. Sein Vater ist großzügig, was die finanziellen Mittel angeht, und auch im Hinblick auf Dinge wie Ordnung und Sauberkeit. Matthias hat mit dem Einzug in die Wohnung seines Vaters mehr oder weniger stark seine von der Mutter im Laufe der Jahre mühsam anerzogenen hausmännischen Qualitäten in den Hintergrund treten lassen und zwingt seinen Vater damit, die Rolle des Versorgers in erhöhtem Maß zu übernehmen. Der sträubt sich zwar pro forma dagegen, fühlt sich aber auch geschmeichelt dadurch, daß sich sein Sohn so gerne bei ihm aufhält. Hinzu kommt, daß besonders an den Wochenenden, wenn die Lebensgefährtin des Vaters kommt, eine angenehm häusliche und familiär orientierte Atmosphäre herrscht, wie sie in dieser Form weder Vater noch Sohn in der Vergangenheit regelmäßig genießen konnten. Die Freundin ist zwar nicht ganz so begeistert, wie die beiden Männer von der veränderten Situation, sieht aber, daß vor allem Helmut im Augenblick gar nicht so sehr dagegen ist, wie er von Zeit zu Zeit artikuliert. Neben kleinen Beanstandungen, die er am Verhalten seines Sohnes hat, ist dies das erste Mal seit der Trennung von Claudia, daß er wirklich als Vater funktionieren kann und das gefällt ihm als Erfahrung ganz gut. Ebenso kann Matthias seinen Vater zum ersten Mal ernsthaft und etwas näher als Bezugsperson erleben, als das bisher der Fall war. Die beiden sind demnach zur Zeit gar nicht in der gefühlsmäßigen Verfassung, die sich eben entwickelnde Beziehung durch den Auszug von Matthias zu gefährden.

»Seit zwei Jahren suche ich eine Wohnung.«

Jana S.,22 Jahre, BWL-Studentin
Siegfried S., 49 Jahre, Lehrer
Gabriela S., 47 Jahre, Hausfrau

Jana studiert seit vier Semestern und lebt mit ihren Eltern in Köln in einer Vierzimmerwohnung. Die etwa 100 Quadratmeter sind zwar, was den Platz betrifft, ausreichend für die dreiköpfige Familie, aber Jana möchte trotzdem seit fast zwei Jahren dringend ausziehen.

»Seit ich etwa siebzehn bin, verstehe ich mich nicht besonders gut mit meinen Eltern. Meine Mutter ist bei den Auseinandersetzungen um Lebensweise, wenn ich es mal so nennen darf, das geringere Problem. Sie bringt mir erstens grundsätzlich mehr Verständnis entgegen, und zweitens ist sie auch ein eher toleranter Typ; aber mit meinem Vater gerate ich wirklich ständig aneinander. Immer wieder versuchen wir beide, uns zusammenzunehmen, schon meiner Mutter zuliebe, aber bei bestimmten Themen, und die tauchen leider ständig und immer wieder auf, kriegen wir uns bitter in die Haare.
Hauptsächlich geht es um mein Verhalten innerhalb der Familie, mein Vater ist mehr so der Verfechter des Prinzips »solange Du die Füße unter meinen Tisch stellst, machst Du, was ich will und nicht was Du willst.« Und mein Standpunkt ist ganz klar, solange ich ihn nicht objektiv störe mit bestimmten Dingen, muß er mich machen lassen, wie ich will. Das klingt albern, wenn man es so erzählt, aber die Lage bei uns im Haushalt ist derartig angespannt, daß ich inzwischen bewußt vermeide, gemeinsame Mahlzeiten mit meinen Eltern einzunehmen. Das tut mir besonders für meine Mutter sehr leid, aber ich kann es nicht ändern. Für sie ist die miese

Stimmung, die herrscht, wenn wir wieder Krach haben, mindestens genauso schlimm.
In meinen Augen sind es fast ausnahmslos Kleinigkeiten, ich sehe zum Beispiel effektiv nicht ein, warum ich mir, wie zu Schulzeiten meinen Lernrhythmus aufzwingen lassen soll. Ich mache das, was ich für die Uni zu tun habe, absolut gewissenhaft und zuverlässig, aber bitteschön dann, wenn ich will. Und mein Vater (Lehrer für Deutsch und Geschichte am Gymnasium) will mich dazu kriegen, ja, wie zu Schulzeiten mich quasi nach dem Mittagessen hinzusetzen und meine Aufgaben zu machen. Und ich finde einfach, daß ich mit 22 doch entscheiden können muß, wann ich was mache, solange meine Leistungen stimmen.
Ein anderer Punkt ist die Sache mit meinem Freund, Nicolas und ich sind seit mehr als zwei Jahren zusammen, ich darf nicht mit ihm in meinem Zimmer übernachten. Nicolas fühlt sich inzwischen so unwohl hier, daß er schon kaum noch bei uns vorbeikommt und wenn, dann am liebsten, wenn mein Vater nicht da ist. Auch da stehe ich auf dem Standpunkt, es ist mein Leben, ich muß doch bestimmen können.
Klartext: wann ich mit wem in welches Bett gehe. Aber mein Vater sieht das ganz anders – vermutlich ist er schlicht und ergreifend eifersüchtig – aber was hilft's, wenn man weiß wo's herkommt, ich kann nichts an seiner Einstellung ändern, und die lautet, daß er nicht duldet, daß ich irgendwelche jungen Männer über Nacht beherberge!
Seit annähernd zwei Jahren versuche ich eine Wohnung oder wenigstens ein erschwingliches Zimmer zu finden. Größere Sachen wären kein Problem, aber ich möchte nicht mit mehreren Leuten zusammenziehen. Ich kenne mich, wenn's dann in der Küche nett ist, verquatsche ich mich blitzschnell bei einer Tasse Kaffee, anstatt zu lernen.

Studentenwohnheim wäre gegangen, aber dann lieber den Streß zu Hause, was da abgeht ist zwar anders, aber mindestens genauso stressig, jedenfalls empfinde ich das so. Dazu kommt einfach auch, daß ich finanziell nicht so übermäßig gut ausgestattet bin, und zum Jobben habe ich einfach keine Zeit. Die Uni nimmt eine Menge Kraft in Anspruch, denn ich habe mir in den Kopf gesetzt, ein Prädikatsexamen zu schaffen. Meine Eltern würden mir 1000 Mark geben, das hört sich so viel an, ist es ja objektiv auch, aber bei den Mieten hier in der Stadt ist das gar nichts.
Dabei sehe ich sehr wohl, daß mein Vater eine Menge Geld verdienen muß, bis er mir einen Tausender geben kann, zumal meine Mutter nicht arbeitet, und er somit Alleinverdiener ist. Nicolas und ich haben auch schon überlegt, ob wir uns nicht zusammen etwas suchen sollen, aber ich möchte eigentlich, wenn ich hier ausziehe, erstmal eine Weile wirklich mein eigener Herr sein, nicht daß ich denke, das mit Nicolas wäre nicht von Bestand, aber ich fühle mich zur Zeit halt relativ eingeengt und würde gerne mal ausprobieren, wie es ist, wenn man wirklich tun und lassen kann, was man will.
Außerdem kommt mir das Zusammenziehen mit einem Typen in meinem Alter vor wie Ehespielen, und dazu habe ich null Bock. Wenn das wirklich hält, und sich alles so entwikkelt, wie wir uns das vorstellen, haben wir ein ganzes Leben Zeit zusammenzuwohnen, dann muß das wirklich nicht sofort sein. Wenn ich innerhalb des nächsten halben Jahres nichts finde, überlege ich mir ernsthaft, ob ich nicht die Uni wechseln soll, in irgendeine Stadt, wo man leichter an eine Wohnung kommt. Hier in Köln ist es besonders schwierig. Aber das ist wirklich nur die allerletzte Lösung.»

Janas Vater sieht die Dinge tatsächlich ganz anders als seine Tochter. Ebenso wie sie wünscht er sich eigentlich »ein harmonischeres Familienleben. Jana und ich wissen beide ganz genau, welche Themen wir eigentlich vermeiden müssen, und trotzdem, wie verhext, kommen wir immer wieder darauf. Ich bin häufig nach diesen fruchtlosen Diskussionen, die mit viel Aggression einhergehen, regelrecht erschöpft und vor allem enttäuscht, nicht nur von Jana, die mich mit ihrer Uneinsichtigkeit immer wieder zur Weißglut treibt, sondern vor allem von mir selbst.

Wenn ich dann sehe, wie das vor allem meine Frau immer wieder mitnimmt, tut es mir besonders leid. Sie tut das einzig Richtige, sie verhält sich absolut neutral. Es ist so evident, daß das ein Ablöseproblem zwischen Jana und mir ist, mit dem sie gar nichts zu tun hat. Ich gebe zu, daß ich in vielen Bereichen große Schwierigkeiten damit habe, daß ich zwar meinem Kind aber gleichzeitig einer erwachsenen, wenn auch noch jungen Frau gegenübersitze.

Für uns alle wäre es fraglos erheblich einfacher, wenn Jana eine eigene Wohnung oder ein Zimmer irgendwo hätte. Ich glaube tatsächlich, daß sich unsere Probleme, soweit sie nicht mentalitätsbedingt sind, ziemlich bald in Luft auflösen würden, wenn Jana ihren Lebensstil außerhalb unserer vier Wände pflegen könnte. Denn fairerweise muß ich sagen, daß sie mir bezüglich ihrer Leistungen im Studium keinerlei Anlaß zur Klage gibt. Ich kann und will mich lediglich nicht damit abfinden, daß hier eine junge Person im Haushalt lebt, die – und das gilt eben auch für meine Tochter – sich Dinge herausnimmt, die ich eindeutig meiner Frau und mir vorbehalten wissen will.

Wir haben und pflegen bestimmte Werte und ich bestehe nicht darauf, diese der Menschheit zu oktroyieren, aber ich bestehe darauf, daß sie in meiner Wohnung eingehalten werden.

Jana weiß, daß ich sie im Rahmen meiner Möglichkeiten fi-

nanziell unterstützen werde, wenn sie ihr Elternhaus verläßt. Aber wenn der Betrag von 1000 DM nicht ausreicht, um ihre Ansprüche zu befriedigen, wird sie entweder ihre Ansprüche senken, oder sich eine Nebenbeschäftigung suchen müssen. Sie wäre wahrlich nicht die einzige Studentin dieser Erde, die sich ein wenig Geld selbst verdient.
Daß sie ausziehen wird, ist beschlossene Sache, und ich freue mich durchaus auf die danach eintretende Situation.
Der Wohnungsmarkt hier in Köln ist sehr eng, ein kleines und sehr teures Angebot, aber ich werde meine Tochter auch hier in ihrem Bestreben unterstützen, alleine findet sie offenbar nichts und der häusliche Frieden ist mir diese Form von Engagement durchaus wert.«

Siegfried S. hat beschlossen die Wohnungssuche seiner Tochter selber in die Hand zu nehmen. So wie er bisher versucht hat, alles in ihrem Leben zu bestimmen, hat er sich jetzt vorgenommen, auch den Termin ihres Auszuges zu bestimmen. Daß ausgerechnet diese Eigenschaft diejenige ist, welche einen Großteil seiner Schwierigkeiten mit Jana bedingt, will ihm nicht in den Kopf.
Gewohnt, daß ihm – besonders von jungen Leuten – gehorcht wird, kann er sich nicht vorstellen, daß das ausgerechnet bei seiner Tochter anders sein sollte. Obwohl er spürt, daß Jana sich mit Händen und Füßen gegen seine Bemühungen, ihr Leben zu kontrollieren zur Wehr setzt, gibt er nicht auf. Seine Grundeinstellung, daß er aus Erfahrung einfach besser beurteilen kann, was für seine Tochter gut und richtig ist, kann und will er nicht ändern. Daß Jana vielleicht gewisse Erfahrungen und auch Fehler selber machen muß, mag er nicht einsehen, wenngleich ihm das gespannte Verhältnis zu seiner Tochter sehr zu schaffen macht, ist er nicht in der Lage, die Voraussetzungen für eine Veränderung zu schaffen. Seine

Einschätzung, daß es sich primär um ein Problem der Ablösung zwischen Jana und ihm handelt ist sicher grundsätzlich richtig,darüber hinaus allerdings hält er die Konflikte und die Form, in der sie sich äußern, für ein Zeichen von großer Nähe, die ihn mit Jana verbindet. Jana selbst leidet einerseits sicher unter den Streitigkeiten,andererseits empfindet sie es als Interesse,das ihr Vater damit artikuliert, daß er sich immer wieder auf die im Prinzip fruchtlosen Diskussionen einläßt. So nimmt er wirklich Anteil an ihrem Leben und beschäftigt sich, wenn auch zeitweise auf unerfreuliche Art und Weise, so doch mit ihr. Nicht zuletzt aus diesem Grund provoziert sie ihn auch immer wieder zu den Diskussionen, deren Ende sie schon im voraus kennt.

»Meine Mutter hat mich immer wieder gebeten, zu bleiben!«

Corinna P., 24 Jahre, Medizinstudentin
Alexander P., 52 Jahre, Internist
Carolin P., 48 Jahre, Anästhesistin

Corinna lebt mit ihren Eltern in der Nähe von Heidelberg. Sie ist einziges Kind des Ehepaares und studiert an der Universität in Heidelberg Medizin.

»Wenn ich ganz ehrlich bin, muß ich sagen, daß ich eigentlich lieber etwas anderes gemacht hätte. Ich kann mich an kein Mittagessen, kein Frühstück und kein Abendessen erinnern, bei dem wir nicht über irgendwelche Darmoperationen, Blinddärme, Knochenbrüche oder sonstige Schrecklichkeiten gesprochen hätten.

Und dann natürlich immer in diesem Fachchinesisch, das kaum ein Erwachsener versteht, geschweige denn ich als Kind. Es führte aber dazu, daß ich ein ganz merkwürdiges Verhältnis zum Beruf meiner Eltern entwickelte. Auf der einen Seite waren mir diese Gespräche zutiefst zuwider, weil nie irgend jemand auch nur eine Minute am Tisch oder wo immer wir zusammensaßen Zeit hatte, um sich mit mir und meinen Schulgeschichten zu beschäftigen. Auf der anderen Seite war es natürlich hochspannend, was meine Eltern sich da gegenseitig erzählten, und ich habe immer versucht, mir möglichst viel zusammenzureimen, besonders bei Dingen, von denen ich wußte, daß sie sie vermutlich nicht angesprochen hätten, wenn sie sich bewußt gemacht hätten, daß ich dabei bin. Da mußte ich dann immer wild spekulieren, denn die kleinste Zwischenfrage hätte bedeutet, daß das spannende Thema verschwunden gewesen wäre.«

Corinna entwickelt im Laufe ihrer Pubertät zwar mehr als nur ein unterhaltungsbedingtes Interesse für den Beruf der Eltern, will aber eigentlich lieber Lehrerin, als Ärztin werden.

»Wann immer ich mit meinen Eltern über meinen zukünftigen Beruf geredet habe, war eigentlich immer klar, daß mein Vater fast von mir erwartet, daß ich die Praxis eines Tages übernehme.

Ich habe da auch wirklich nichts gegen, vor allem, weil ich mir inzwischen überlegt habe, wenn das alles so hinhaut, werde ich nach dem Facharzt erstmal mit meinem Vater zusammen dort arbeiten, und dann irgendwann wird er sich ja ein bißchen zurückziehen, dann suche ich mir noch einen Partner. Denn ganz allein will ich das eigentlich nicht machen. Da sind mir meine Eltern eine Lehre, die haben ja nie für irgend etwas Zeit. Kaum zum Urlaub machen, geschweige denn mal für etwas Spontanes. Ewig auf Achse und ständig den Pieper in der Hosentasche.

Deswegen wollte ich immer Lehrerin werden, damit ich neben meinem Beruf auch noch eine Familie haben kann. Und zwar wirklich haben, nicht nur so vorzeigemäßig, damit man sagen kann, man hat auch ein oder zwei Kinder. Ich hätte das schon ganz gerne so, daß ich auch wirklich da sein kann für sie. Das ist auch mit ein Grund, warum ich meiner Mutter den Wunsch erfüllt habe, noch im Hause zu bleiben, zumindest bis ich fertig mit der Uni bin. Eigentlich wäre ich lieber nach dem Abi ausgezogen, aber meine Mutter wäre, glaube ich, echt traurig gewesen. Jedenfalls hat sie mich immer wieder gebeten, doch zu bleiben. Ich weiß gar nicht so genau, warum, aber sie wollte es halt.Ich würde nicht sagen, daß sie, als ich Kind war, kein Interesse an mir hatte, das ginge wohl wirklich zu weit, aber sie hat eben einfach fast nie Zeit gehabt. Jetzt in letzter Zeit wird es besser, das mag natürlich

auch daran liegen, daß ich einfach älter geworden bin und von daher eher auch als Gesprächspartner in Frage komme.
Sie konnte es auch nicht recht begründen, hat nur immer und immer wieder gesagt, daß sie sich unheimlich freuen würde, mich wenigstens noch während der Studienzeit in der Nähe zu haben.
Darauf habe ich mich dann eingelassen. Vor allem, weil ich eben hier auch machen kann, was ich will. Es ist genügend Platz für alle und meistens ist außer mir sowieso keiner da. Früher, als ich Kind war, hatten wir zumindest noch eine Art Haushälterin, die auf mich aufgepaßt hat, wenn meine Eltern gearbeitet haben. Aber etwa seit ich siebzehn bin, gibt es diese Dame nicht mehr. Nur noch eine Putzfrau und den Gärtner.
Aber wenn ich mit meinem Vater zusammenarbeite, muß ich spätestens hier raus, sonst artet das aus.
Das habe ich auch meiner Mutter gesagt und das hat sie auch eingesehen. Na, mal sehen, was kommt, wenn es dann so weit ist.

Corinnas Mutter gibt zu, daß sie die Tochter inständig gebeten hat, nach dem Abitur nicht auszuziehen.
»Ich hänge sehr an Corinna, und ich glaube, ich würde mich auch heute noch schwertun, wenn sie das Haus verließe, obwohl wir ausgemacht haben, daß sie spätestens, wenn sie mit in der Praxis meines Mannes arbeitet, eine eigene Wohnung nehmen wird.
Corinna ist ein absolutes Wunschkind, anders kann ich es nicht sagen, ich hätte sehr gerne noch mehr Kinder gehabt, aber mein Mann wollte das auf gar keinen Fall. Vielleicht hat er recht gehabt, unsere Berufe sind, so wie wir sie ausüben, nicht besonders familienfreundlich. Zu Corinna habe ich

trotzdem ein sehr inniges und vor allem aufrichtiges Verhältnis. Sie ist mir im Laufe gerade der letzten Jahre wirklich zu einer Freundin geworden, und mir würde viel fehlen, wenn sie weg wäre.
Mein Mann und ich führen keine schlechte Ehe, das kann man nicht sagen, aber es ist einfach etwas anderes, wenn ich abends, wenn ich dann schon mal zu Hause bin, mit Corinna ein Weinchen trinken und die Dinge des Lebens besprechen kann, als wenn ich mit ihm auf der Couch sitze, jeder das berühmte gute Buch auf dem Schoß und dazu dudelt entweder der Fernseher oder klassische Musik.
Das ist vielleicht jetzt etwas überspitzt formuliert, und ich habe es auch Corinna so nicht gesagt, aber ein bißchen was ist dran, sie hat für mich eine gewisse Ersatzfunktion, und ich gebe zu, daß ich mich nicht ganz wohl dabei fühle, es auszusprechen, aber alles andere wäre wohl geschwindelt.
Ich glaube aber, daß Corinna diese Nähe zu mir auch genießt, wir haben wirklich eine sehr unkomplizierte, harmonische Beziehung. Und außerdem (lacht), wenn sie woanders wohnen würde, könnte sie nicht so oft von meinen ausgiebigen Einkaufsbummeln profitieren, das ist etwas, das machen wir beide gern und – wann immer ich Zeit habe – gemeinsam.

Das Verhältnis von Carolin P. zu ihrer Tochter ist in gewisser Weise ein besonderes. Hier nimmt die erwachsene Tochter einen Part ein, der eigentlich nicht der ihre ist. Offenbar bestehen in der Beziehung des Ehepaares Defizite, von denen Corinna zumindest bei ihrer Mutter einen Teil ausgleicht. Damit hat sie ihre Rolle als Kind verlassen müssen und ist in einen Teil der Rolle ihres Partners geschlüpft. Das wiederum bedeutet, daß sie in dem Versuch, sich von ihrem Elternhaus zu lösen, zwei Hindernisse überwinden muß. Zum einen

den gewöhnlichen Ablöseprozeß, wie er irgendwann in den meisten Eltern-Kindbeziehungen stattfindet, zum anderen aber müßte sie, um wirklich selbständig leben zu können, gerade diese sogenannte Ersatzfunktion, die sie bei ihrer Mutter innehat, abbauen.
Corinna hat sich zunächst für den ihr angenehmeren Weg entschieden. Sie bleibt zumindest für die Zeit der Ausbildung im Hause der Eltern, um dann immer noch entscheiden zu können, wie sie die Zukunft gestaltet. Angenehm für alle Beteiligten, daß es aufgrund der materiellen Lage, in der sich die Familie befindet, keinerlei Einschränkungen gibt, egal, wie lange Corinna im Hause ihrer Eltern lebt.

»Zwei erwachsene Menschen in einem Zimmer, das hält keiner aus!«

Heike L., 50, Jahre, Lehrerin
Wolfgang L., 52 Jahre, Mathematiker
Nele L., 26 Jahre, Journalistin
Linus L., 22 Jahre, Musiker

Familie L. lebt in Pirna in einer Wohnung bestehend aus drei Zimmern, einer Wohnküche und einem Bad. Heike und Wolfgang haben die Wohnung bezogen, als sie vor mehr als dreißig Jahren geheiratet haben.
Zunächst ist sie so aufgeteilt, daß erst Nele allein und dann gemeinsam mit ihrem Bruder das Kinderzimmer bewohnte, später, als die Kinder keine mehr sind, stellen sich Heike und Wolfgang ein Klappsofa ins Wohnzimmer und überlassen Linus ihr Schlafzimmer.

Nele, die seit drei Jahren einen festen Freund hat, weiß das sehr zu schätzen.
»Ich sage Dir, Linus und ich, wir sind uns wirklich nahe, ja, aber das hält kein Mensch aus, zwei erwachsene Leute in einem Zimmer und das auf Dauer, nee, das ist ein unmöglicher Zustand.
Gott sei Dank, sind Heike und Wolfgang keine Unmenschen und haben das ziemlich schnell eingesehen, aber die Wohnsituation ist auch so ziemlich eng.
Ich bin unheimlich froh, daß Linus und ich wenigstens getrennte Zimmer haben, ich kenne eine Menge Leute, die wohnen immer noch so, wie vor der Wende, also alle Kinder in einem Raum und die Eltern im nächsten. Ist ja auch nichts Besonderes, zumindest hier nicht, aber wir haben natürlich

seit damals auch unsere Anspruchshaltung verändert, also, wenn man sich anguckt, wie wir hier früher alle gelebt haben und wie die Wessis die ganze Zeit schon gewohnt haben, meine Herren, da sind aber Unterschiede. Nicht, daß ich da irgendwie neidisch wäre, das ist nicht der Fall, aber man muß klar sehen, daß es wirklich zwei Welten gewesen sind.
Jetzt mal nur auf das Wohnen bezogen, alles andere außen vor gelassen. Bei uns ist das normal gewesen, daß erwachsene Kinder bei ihren Eltern gewohnt haben, so wie Linus und ich das jetzt auch tun, zumindest meistens, bis man verheiratet war, oder ein Kind kam, überleg doch mal, welche Möglichkeiten es überhaupt gab, von zu Hause wegzugehen. Das war doch nicht viel.
Wenn mehr verfällt, als neu gebaut wird, muß man schließlich zusammenrücken.
Natürlich würde ich mir gerne eine Wohnung nehmen, einfach um auch mal im Bad sein zu können, so lange ich will und nicht immer auf irgend jemand Rücksicht nehmen zu müssen, so blöd das klingt, aber das ist finanziell nicht drin, jedenfalls zur Zeit nicht. Und ich möchte auch betonen, daß Linus und ich noch Glück haben, denn wir verstehen uns wirklich gut mit Heike und Wolfgang, da läßt sich das alles noch aushalten. Wenn auch nicht unbegrenzt, aber doch eine ganze Weile, mit ein bißchen guten Willen zumindest und den haben wir alle.
Ich sag ja, wir haben mit nichts anderem gerechnet, weil es bei uns halt immer schon so gewesen ist, daß man länger aufeinander saß, wenn man Pech hatte.«

Heike L. kommt nach eigener Aussage »mit der Wohnsituation ganz gut zurecht. Ich habe nichts gegen meine Kinder, solange sie mithelfen und mich nicht alles alleine machen lasen, können sie ruhig da in ihren Zimmern bleiben. Klar, ist

schon ein bißchen eng bei uns, aber es gibt wohl doch eine ganze Menge schlimmeres auf der Welt. Hauptsache, wir haben unsere Freiheit, das ist mir zur Zeit wichtiger, als ein oder zwei Zimmer mehr.
Die Nele sucht ja schon, aber sie will nicht in irgendein Loch ziehen, hier ist auch nicht jede Wohnung eine Wohnung, und bevor man anfängt, Heizung und Bad einzubauen in eine Bruchbude, dann doch lieber hierbleiben. Der Wolfgang und ich haben keine Probleme damit.
Ich hab schon gesagt, irgendwann mal wieder ein eigenes Schlafzimmer, ich glaube, das würde mich regelrecht verleiten, erstmal mindestens eine Woche das Bett nicht zu machen und einfach alles liegen zu lassen, aber erstmal muß die Nele was finden, und der Linus genug Geld verdienen, um sich überhaupt was eigenes leisten zu können.
Hier in Pirna finden Sie Dutzende von Familien, die so wie wir leben, da denkt sich auch keiner was bei, wenn's keinen Wohnraum gibt, kann man ihn nur bauen und nicht einfach so aus dem Boden stampfen – das haben sie bei uns lang genug gemacht – gucken sie sich an, wie das alles um uns herum aussieht, verfällt, bevor's fertig gebaut ist. Und das dauert erstens mal und zweitens kostet's. So einfach ist das.«
Familie L. hat emotional überhaupt kein Problem mit den beengten Wohnverhältnissen. Sie haben schon vor dem Fall der Mauer in den drei Zimmern miteinander gelebt und sehen die Situation ausgesprochen realistisch, mehr Platz wäre schön und ist auch anzustreben, aber nicht oberste Priorität. Auffallend ist die Selbstverständlichkeit, mit der die alltäglichen Kleinigkeiten erledigt werden. Auf die Idee, der Mutter die Küche, dem Vater die aushäusige Arbeit und den Kindern das »süße Leben« zu überlassen kommt hier niemand. Vor allem aber Nele und Linus nicht.
Anders als in den meisten Familien, vermitteln sie nicht den

Eindruck eines Verbundes aus zwei Erwachsenen und zwei Kindern, die, wenn auch volljährig, ihrer Kinderrolle noch nicht entschlüpft sind. Vielmehr verhalten sie sich zueinander wie eine gut funktionierende Wohngemeinschaft, von großer gegenseitiger Sympathie getragen und lange aufeinander eingespielt.

Nele und Linus wohnen zwar noch zu Hause, sind aber in Rechten und Pflichten absolut gleichberechtigt mit den Eltern.

Der notwendige Ablöseprozeß hat innerhalb der vier Wände stattfinden müssen und ist deutlich vollzogen.

So würde Vater Wolfgang nie wagen, »egal auf welchem Gebiet, in die Entscheidungen der Kinder einzugreifen. Die sind doch erwachsen, und wenn die Nele oder der Linus wegfahren oder sonst was machen wollen, dann habe ich eigentlich nur dann etwas damit zu tun, wenn sie mich wegen Geld oder so brauchen, dann sage ich natürlich auch, was ich von der jeweiligen Sache halte, aber da noch über Erlauben oder Verbieten zu reden, nee, dazu sind die zu alt und schon lange viel zu selbständig. Das haben wir auch ganz bewußt so gemacht, die Heike und ich, also ich würde nicht sagen, daß ich ein antiautoritärer Typ bin, eher das Gegenteil, und zwar ganz bewußt, nicht, daß ich die Kinder geschlagen hätte, das nicht, obwohl das ja hier nicht so verpönt gewesen ist, wie das wohl im Westen der Fall war.

Aber wir haben schon gesehen, daß die Kinder sich auch an uns reiben und sich von uns distanzieren können. Also die ganz normalen Konflikte, zum Beispiel in der Zeit so zwischen 14 und 17, na, da war streckenweise bei uns eine Menge los. Und wir haben uns da nicht die Butter vom Brot nehmen lassen, die Entscheidung, ihnen die beiden Zimmer zu geben hat damit nichts zu tun. Natürlich wäre es für Heike und mich angenehmer, wenn wir mehr Raum für uns hätten, aber wir wollten beide, daß Linus und Nele sich vernünftig entwickeln können und dazu gehört Platz. Aber Pflichten gabs bei uns von Anfang an für die beiden. Schließlich arbeiten wir beide und auch wenn das nicht alle Leute so sehen, ich stehe wirklich auf dem Standpunkt, das kann ja wohl nicht sein, daß die Eltern arbeiten und den Haushalt versorgen und die Kinder da sitzen und außer wachsen nichts tun.«

Begründet durch die Tatsache, daß die Wohnsituation in der ehemaligen DDR nicht mit der, wie wir sie aus den alten Bundesländern kennen, zu vergleichen war, haben viele Familien über einen längeren Zeitraum so gewohnt, wie Heike, Wolfgang, Nele und Linus. Ehepaare, die sich mit ihren erwachsenen Kindern zumindest für eine ganze Weile den oftmals knapp bemessenen Wohnraum teilten, waren an der Tagesordnung. Logische Konsequenz, daß zwar das Bedürfnis und der Wunsch nach einem eigenen Zuhause bei den jungen Leuten da war, nicht aber die Selbstverständlichkeit des Anspruches, bei Bedarf ein solches auch zu bekommen.

Heranwachsende Jugendliche machten die verschiedenen Stadien ihrer Entwicklung also durch, ohne notwendigerweise im Zuge der Abnabelung von den Eltern auch eine räumliche Trennung vollziehen zu können. Nicht immer gingen Eltern so verständnisvoll auf ihre Kinder ein, wie Heike und Wolfgang. Da sich aber häufig die Frage nach mehr Platz und der damit verbundenen Möglichkeit, sich physisch distanzieren zu können nicht stellte, mußten die Jugendlichen oder jungen Erwachsenen ihre psychische Lösung von den Eltern, und die Eltern die innere Lösung von ihren Kindern, innerhalb der eigenen vier Wände leisten. Bei Nele und ihrem Bruder ist das deutlich erkennbar gelungen. Trotz der eher beengten Wohnverhältnisse leben hier vier eigenständige, voneinander abgegrenzte Menschen zusammen, die emo-

tional zwar eng verbunden sind, sich aber dennoch gegenseitig respektieren.
Nele wünscht sich natürlich eine eigene Wohnung, hat aber derzeit aufgrund ihres geringen Verdienstes keine Möglichkeit, diesen Wunsch in der Realität umzusetzen. Dennoch spürt man, daß im Haushalt keinerlei Frustration oder Unzufriedenheit herrscht. Anders als in anderen Fällen, gibt es kaum Konflikte bezüglich der Verteilung der alltäglichen Aufgaben.
Jeder fühlt sich für jeden zuständig und erledigt die im Haushalt anfallenden Arbeiten. Dort, wo gegenseitige Hilfe benötigt wird, wird sie erbeten und geleistet, dort, wo eigenständige Entscheidungen getroffen werden, werden sie akzeptiert.

»Mit einem Knirps die Bude zu teilen, ist Qual.«

Manfred K.,44 Jahre, z. Zt. Pförtner
Heiderose K.,42 Jahre, Verkäuferin
Dirk K., 22 Jahre, Feinmechaniker
Rolf K., 13 Jahre, Schüler

Familie K. wohnt seit fast 20 Jahren in einer Wohnung, drei Zimmer, Küche, Bad im Osten Berlins. Dirk teilt sich das Kinderzimmer mit seinem neun Jahre jüngeren Bruder Rolf.

Für beide eine Situation, die »eigentlich unerträglich ist. Mit einem Knirps wie Rolf die Bude zu teilen, ist echt jenseitsmäßige Qual und dabei kann der Kleine noch nichtmal was dafür. Er ist ja auch so ganz nett, aber eben erst dreizehn, und da kann man sich vorstellen, daß die Interessen nicht gerade gleich sind. Allein wenn ich von der Arbeit komme.

Ich hab nur drei Möglichkeiten, eine so beschissen wie die andere.

Entweder ich haue mich aufs Bett in meinem bzw. unserem Zimmer, da sitzt aber mit Sicherheit der Kleine und spielt auf seinem Gameboy oder hört Musik und auch wenn sich das jetzt gemein anhört, aber wenn ich den ganzen Tag geschafft habe, mich nervt es!

Möglichkeit Nummer zwei, ich gehe in die Küche, da ist meine Mutter – wenn ich Glück habe – und richtet das Abendessen, wenn ich Pech habe ist sie noch im Geschäft und es gibt noch nichts. Und Möglichkeit Nummer drei ist, daß ich mich zu meinem Alten ins Wohnzimmer knalle, und das mache ich schon lange nicht mehr. Der ist, bis ich die Tür aufmache, immer schon breit wie ein Biberschwanz, und das habe ich in frühester Kindheit gelernt, bloß in Ruhe lassen. Heute

faßt er mich ja nicht mehr an, und der Rolf hat's da auch besser, als ich es hatte, weil er hat mich und meine Mutter wirklich übel verprügelt, wenn ihm danach war. Jetzt läßt er mich schon eine ganze Weile in Ruhe und meine Mutter auch, seit ich ihm kräftemäßig überlegen bin. Aber, was ich an Senge auszuhalten hatte, für nichts und wieder nichts, das glaubt mir keiner, der's nicht gesehen hat. Als ich so alt war wie der Kleine jetzt – aber jeden Tag und immer auf die Zwölf. Ich sehe meine Mutter noch stehen und immer plärren, laß doch den Jungen, aber das war für meinen Alten wie eine Befreiung, so, als ob der Tag nicht zuende gehen konnte, ohne daß ich mir ein paar abgeholt hätte. Und wenn meine Mutter dann zu laut gejaunert hat, war sie nicht selten die nächste. Wie gesagt, nur bis ich so siebzehn war, da hat er mal wieder – den Kopf voll wie ein altes Faß – meiner Mutter eine gescheuert, die hat Nasenbluten gekriegt und das konnte ich nicht sehen, da hab ich hingelangt, viel fester, als ich eigentlich wollte, aber das hat geholfen, seitdem gehts besser. Außer, daß er immer noch von Zeit zu Zeit dem Kleinen eine feuert, aber da hab ich ihm neulich schon gesagt, er soll sich in acht nehmen, lange gucke ich mir die Nummer nicht mehr an.
Jetzt hat er seinen Job auch noch verloren, da ist mit der Sauferei natürlich nicht besser geworden.
Wie soll ich das erklären, ich hätte natürlich viel lieber eine eigene Wohnung oder zumindest ein Zimmer, das mir allein gehört, lieber eine Wohnung, die könnte ruhig klein sein, das würde mich nicht stören, aber so eine eigene Küche und vielleicht noch eine Dusche dazu, wäre schon toll. Ich hab auch neulich mit meiner Mutter darüber geredet, die will das natürlich auf gar keinen Fall.
Wegen meinem Vater halt. Aber ich hab ihr gesagt, daß sie sich das gut überlegen muß, auf die Dauer kann ich doch nicht da wohnen bleiben, in der Enge meine ich nur weil

mein Vater sich die Mütze zuzieht, und ich auf meinen Bruder und meine Mutter aufpassen muß, oder darauf achten muß, daß der nicht im Suff das Mobiliar zertrümmert. Ich hab ihr gesagt, sie soll doch in ein Frauenhaus ziehen, gibts doch in Berlin, soll sie den Rolf nehmen und ab.
Aber sie will nicht. Ich glaube, der Leidensdruck oder wie das heißt, ist noch nicht groß genug, wird aber sicher noch kommen, wenn der Alte so weitermacht. Der Rolf tut mir leid, weil der kriegt halt das dicke Ende ab, wenn ich wirklich meinen Hut nehme, das ist ja klar. Und auch wenn ich mich oft genug mit ihm rumätze, also irgendwie fühle ich mich schon verantwortlich für ihn und eben auch für meine Mutter nur, was soll ich machen, wenn sie sich von meinem Vater nicht trennen will, ich kann ja nicht da bleiben, bis der am Schnaps erstickt.«

Dirk hat eine für ihn sehr schwierige Rolle innnerhalb der Familie übernehmen müssen. Statt von den Eltern beschützt und behütet ins Erwachsenenleben geleitet zu werden, mußte er schon zu einem sehr frühen Zeitpunkt den Schutz seiner Mutter vor dem gewalttätigen Vater gewährleisten. Obwohl er sich finanziell eine eigene Wohnung leisten könnte, scheint es im Moment unmöglich, die Mutter und den jüngeren Bruder zu verlassen. Durch den Druck, den der Vater mit seinem Verhalten auf die Familie ausübt, ist Dirk sehr früh gezwungen gewesen, die Position des Kindes aufzugeben. Heute schützt er nicht nur Mutter und Bruder vor den Schlägen, sondern unterstützt die Familie auch noch mit einem Teil seines Einkommens.
Seine Mutter zeigt, trotz der auf allen Ebenen für sie unangenehmen Lage, eine große Loyalität dem Vater gegenüber, dieselbe Loyalität bringt ihr Dirk entgegen. Ihm ist es außerordentlich lästig, sich mit dem neun Jahre jüngeren Rolf das

Zimmer teilen zu müssen, aber die Alternative, sich dem durch einen Wohnungswechsel zu entziehen, stellt sich im Augenblick nicht, da er sonst das Gefühl hätte, Mutter und Bruder im Stich zu lassen. Es ist allein Dirks Anwesenheit, die für Heiderose das Leben mit ihrem Mann erträglich macht, gleichzeitig sind sämtliche Beschützerinstinkte in Dirk geweckt, und er zieht eine gewisse persönliche Befriedigung aus seiner Position. Seine Bindung an die Mutter ist außergewöhnlich eng und für einen jungen Mann in seinem Alter nicht unbedingt üblich. So eng, daß er ihr unbewußt natürlich auch um seiner selbst willen ständig rät, die Wohnung mit dem jüngeren Sohn zu verlassen. Ginge Heiderose diesen Schritt, wäre für Dirk die Option geschaffen, sich auch loszusagen. So ist es ihm offenbar derzeit nicht möglich. Heiderose K. weiß, daß Dirk sich nicht wohlfühlt mit der Situation, so wie sie im Moment ist. Sie sieht auch, daß es »eigentlich höchste Zeit wäre, daß der Junge sich eine eigene Bleibe sucht. Bis vor gut drei Jahren wäre das ja sowieso nur auf Antrag gegangen, aber jetzt, nachdem die Grenze auf ist, hat sich die Lage ja geändert. Ich weiß, daß es auch in Westberlin, oder sonstwo nicht so einfach ist, zumal der Dirk ja schon wegen seiner Arbeit eigentlich hierbleiben müßte. Und auch für Rolfi wäre es natürlich richtig, wenn er das Zimmer für sich hätte, grad der Junge in dem Alter und dann auch wegen meinem Mann.
Das ist für den nicht einfach. Ich hatte vor, was anderes zu suchen, was größeres, wo der Dirk auch hätte mitkommen können und trotzdem genug Platz gewesen wäre, aber erst hat mein Mann nicht so recht gewollt, und dann kam die Arbeitslosigkeit.
Und jetzt bin ich froh, daß ich die Miete mit Dirk zusammen zahlen kann. Ohne den Dirk wäre ich hier verratzt. Der Manfred wird zunehmend schwieriger, und ich kann mich und den Kleinen auf gar keinen Fall gegen ihn schützen.

Aber irgend etwas in mir sagt, ich kann ihn doch in so einer Situation nicht alleine lassen. Da käme ich mir schäbig vor.
Dem geht's jetzt zur Zeit wirklich schlecht, und ich denke doch, daß sich das irgendwann wieder ändert.
Obwohl ich Angst habe vor der Zukunft, neulich nach einem Wochenende, wo es wieder ganz schlimm war, da bin ich zu so einer Beratungsstelle gegangen, und die haben mir ganz klar das gesagt, was der Dirk mir auch schon seit einem Jahr immer sagt. Ich soll den Kleinen nehmen und mir was suchen. Aber ich bin einfach noch nicht so weit. Natürlich habe ich Angst vor ihm, und natürlich hasse ich es, wenn er Rolf oder mich schlägt, so wie ich es früher gehaßt habe, daß er Dirk geschlagen hat. Aber ich kann einen Mann, mit dem ich seit über zwanzig Jahren lebe und mit dem ich die beiden Jungens habe, doch nicht einfach verlassen. Wenn der Dirk wirklich geht, wird mir nichts anderes übrig bleiben, als das auch zu tun. Schließlich habe ich auch Rolf gegenüber eine Verantwortung und die bedeutet unter anderem, daß ich verhindern muß, daß er seinem Vater ausgeliefert ist, wenn der sich betrinkt. Lieber wär mir aber, ich könnte den Dirk überreden, noch eine Weile bei uns zu bleiben. Vielleicht fügt sich ja doch alles zum Guten, und der Manfred findet wieder eine richtige Arbeit, die ihm auch mehr gibt, als das mit dem Pförtner.«

»Ich dachte, mir zieht einer den Boden unter den Füßen weg.«

Renate P., 46 Jahre, Schneiderin und Kostümbildnerin
Iris P., 25 Jahre, freie Journalistin

Renate und Iris kommen ursprünglich aus Leipzig und wohnen seit einem Jahr in Mainz in einer Zweizimmerwohnung mit großer Wohnküche und einem Bad. Iris hatte in Leipzig bereits eine eigene Wohnung »auf Antrag«, weil ihre Mutter unter dem SED-Regime als Jüdin und damit von den Faschisten Verfolgte gewisse Privilegien hatte, von denen Iris als ihre Tochter profitieren konnte.

»Wir haben damals sofort, als Iris volljährig war, den Antrag gestellt, daß sie eine eigene Wohnung bekommt. Das mußte auch sein, denn wir haben uns zu der Zeit nicht so besonders gut verstanden; Iris hatte einen Freundeskreis, der mir überhaupt nicht gefallen hat, und zwar schon seit sie sechzehn, siebzehn war.

Ich habe sie alleine aufgezogen, das war bei uns nicht so problematisch, wie hier, weil bei uns besser für die Unterbringung der Kinder gesorgt war.

Und wir sind in der Pubertät ziemlich scharf aneinandergeraten. Das mit der Wohnung hat dann auch unheimlich schnell geklappt, und Iris ist ganz schnell umgezogen. Von da an war unser Verhältnis dann eigentlich ganz gut. Ich kriegte nicht mehr soviel mit von dem, was sie so trieb, und dementsprechend konnte ich auch lockerer mit ihr umgehen.

Es hat sich dann sogar so entwickelt, daß wir wieder anfingen gezielt freie Zeit miteinander zu verbringen, vor allem in der Zeit vor der Wende, also auch so gemeinsam auf die Montags-

demos gingen und nächtelang bei mir saßen und die Lage diskutiert haben.
Fast immer bei mir, und zwar aus zwei Gründen, erstens hat Iris ihre Bude gerne mal Freunden, die sonst keine Bleibe hatten, überlassen und zweitens, mein Kühlschrank war in der Regel einfach besser gefüllt.
Ja, und vor zwei Jahren habe ich dann angefangen, mir zu überlegen, ob ich nicht mal den Standort wechseln sollte. Ich habe schon länger nicht mehr in meinem Beruf gearbeitet, sondern mich vorwiegend mit anderen Sachen über Wasser gehalten und dachte, ich versuch's einfach nochmal woanders. Aber ein bißchen hat auch eine Rolle gespielt, daß ich mir dachte, wenn ich es jetzt nicht mache, dann mache ich es gar nicht mehr, wegen meines Alters und weil man dann vielleicht den Mumm nicht mehr hat für einen Neuanfang, und da steckt doch eine unheimliche Chance drin.
Ich hab das aber zunächst mit der Iris gar nicht besprochen, ich wollte die Entscheidung erstmal ganz sicher für mich treffen und es ihr dann erst sagen.
Ja,und so habe ich es auch gemacht, und mir überlegt, wo ich hin will, – es hätte nicht unbedingt Mainz sein müssen –, Frankfurt am Main oder Wiesbaden wären z. B. auch gegangen.
Nur halt in dem Gebiet, weil ich dachte wegen des Fernsehens und ein paar Theatern, daß ich da vielleicht dann auch Arbeit finde.
Ja und dann habe ich das der Iris einfach so gesagt. Und die Reaktion hat mich regelrecht umgeworfen. Die hat mich angeguckt, als ob ich nicht mehr alle beisammen hätte. Völlig von der Rolle.
Wir haben dann länger drüber gesprochen, und ich bin bei meiner Entscheidung geblieben, und mit einem Mal hat sie

dann gesagt, daß sie mit will. Damit hatte ich auf gar keinen Fall gerechnet.
Also ich wußte natürlich, daß da gerade eine Beziehung zerbrochen war, die ihr wohl mehr bedeutet hatte als ihm, aber die Iris hatte wirklich einen festen Freundeskreis da, und ich hätte nie damit gerechnet, daß sie den aufgeben wollen würde.
Ich habe dann diese Wohnung gefunden, eigentlich für uns beide natürlich viel zu klein, aber ich kann meine eigene Tochter ja wohl schlecht vor die Tür setzen. Gerade haben wir wieder des längeren und breiteren darüber gesprochen, jetzt wo sie sogar als freie Mitarbeiterin bei einem Blättchen untergekommen ist, könnte sie sich eigentlich wieder auf ihre Hinterbeine stellen und sich was suchen, kann ja ruhig in der Nähe sein, aber vielleicht doch mehr als eine Zimmerwand von mir entfernt, aber Anstalten macht sie keine. Im Prinzip habe ich gar nichts gegen ein nettes und auch enges Verhältnis zu meiner Tochter, aber mir hat es in Leipzig besser gefallen, als es zumindest formal noch die Chance gab, sich gegeneinander abzugrenzen. Und das geht natürlich bei zwei Zimmern überhaupt nicht. Kein Besuch, den ich habe, den Iris nicht mitbekommt, und umgekehrt natürlich auch. Das führt unter anderem dazu, daß unsere Freunde sich vermischen, eigentlich auch nichts Schlimmes, aber ich habe das Gefühl, daß das, was ich mir vorgestellt hatte, so eben nicht stattfinden kann. Das ist kein Neuanfang, wie ich ihn wollte, das ist, ja, wie soll ich sagen, alleinstehende Mutter mit alleinstehendem Kind.«
Iris weiß, daß ihre Mutter mit der Wohngemeinschaft so, wie sie derzeit besteht, nicht übermäßig glücklich ist.
»Natürlich habe ich in Leipzig schon alleine gelebt, und natürlich war das auch für unser Verhältnis ganz wichtig. Aber das war vor allem für mein Verhältnis zu Micha ganz wichtig.

Wenn meine Mutter sagt, ich hatte Freunde, die ihr nicht gefallen haben, dann ist Micha gemeint, ganz einfach. Der war nämlich fast 25 Jahre älter als ich und außerdem verheiratet, und das hat meiner Mutter von Anfang an nicht gepaßt. Immer wenn die Rede drauf kam, daß ich mich mit ihm getroffen habe, was ja wegen der komplizierten Verhältnisse sowieso äußerst selten vorkam, gab's Krach.
Sonst haben wir uns nämlich auch damals gut verstanden. Nur den Mann, den ich nun mal liebte, den wollte sie nicht akzeptieren.
Als ich dann alleine gewohnt habe, hat sie das nicht mehr so mitgekriegt, also gab's auch keinen Ärger mehr.
Ich wäre von mir aus nicht ausgezogen. Ich habe immer lieber mit ihr als ganz alleine gelebt. Ich finde es furchtbar, abends in eine leere – früher manchmal noch kalte – Wohnung zu kommen, und auch niemand zu haben, auf den man sich freuen kann, daß er vielleicht noch vorbeikommt. Ich habe mir dann auch immer Riesenprogramm gemacht, also wenn ich nicht entweder bei meiner Mutter oder eben mit Micha verabredet war, dann hatte ich immer die Bude voll mit Leuten.
Ja, und dann ging das auseinander, das hat mich schwer getroffen und ich habe in der Zeit viel bei meiner Mutter gesessen, erst zum Heulen und dann zum Reden, und um mich abzulenken. Das war natürlich mit der politischen Lage, so wie sie sich damals entwickelte, hochspannend und meine Mutter und ich sind in ganz vielen Punkten einer Meinung gewesen.
Als sie mir sagte, daß sie weggehen will, habe ich gedacht, es zieht mir einer den Boden unter den Füßen weg. Ich konnte mir überhaupt nicht vorstellen, ohne sie da zu leben. Ich weiß, daß sie nicht so begeistert war, von der Idee, daß ich mitkomme, aber ich wäre alleine in Leipzig verrückt gewor-

den und das Problem ist, daß ich auch nicht so mutig bin, wie meine Mutter. Es sind ja eine Menge Leute gleich nach der Wende in den Westen gegangen, aber ich hätte mich das allein nicht getraut. Ist fast ein bißchen schizophren, denn immerhin übe ich einen Beruf aus, in dem man durchaus Durchsetzungsvermögen und vielleicht sogar eine Portion Mut braucht, aber alleine, ich hätte es nicht gekonnt. Natürlich werde ich irgendwann eine eigene Wohnung nehmen, wir haben gerade wieder darüber gesprochen, und es ist ja auch was dran, daß ich mir jetzt mit dem Job im Hintergrund durchaus etwas leisten könnte, aber wenn ichs mir aussuchen dürfte, würde ich lieber mit meiner Mutter gemeinsam vielleicht was Größeres suchen, wenn wir zusammenlegen, können wir schon das ein oder andere zahlen. Aber sie zieht da nicht mit, fürchte ich.«

Iris hat zwar schon einmal von ihrer Mutter getrennt gelebt, aber damals, wie sie selbst zugibt, diesen Schritt nicht freiwillig vollzogen. Eigentlich hängt sie noch sehr an Renate und hat Angst vor einem Leben, ohne die offenbar sehr viel selbstsicherere Mutter. Eine Wohnung unweit von ihr zu bewohnen war gerade noch das, was sie leisten konnte, vor allem vor dem Hintergrund dessen, daß sie sich in ihre Beziehung zu ihrem damaligen Freund nicht hereinreden lassen wollte. Der Entschluß ihrer Mutter, sich örtlich zu verändern, ängstigte sie in einer Weise, daß sie vermutlich jeden Kompromiß eingegangen wäre, um in ihrer Nähe zu bleiben. Heute sieht sie selbst, daß die derzeitige Wohnung eigentlich zu klein ist für zwei Personen, dennoch bleibt sie lieber unter diesen Bedingungen bei Renate – wissend, daß diese den Zustand alles andere als erfreulich findet, als sich eine eigene Bleibe zu suchen. Ihr Vorschlag, gemeinsam umzuziehen, reizt Renate offenbar wenig, gleichzeitig fühlt sie sich aber für ihre erwachsene Tochter in einem Maß verantwortlich, das es ihr unmöglich macht, entschieden ihre eigenen Interessen zu vertreten. Als sie seinerzeit gegen Iris' Beziehung zu Micha protestierte, hat die Tochter diesen Versuch, Einfluß auf ihr Leben zu nehmen, abgewehrt. Renates Einfluß heute ist ungleich viel stärker; denn in dem Bewußtsein, sich mehr oder weniger in den Alltag ihrer Mutter zurückgedrängt zu haben, bemüht sich Iris, deren Wünschen so weit wie möglich entgegenzukommen. Das bedeutet, daß Renate in einer Weise das Sagen in der Gemeinschaft hat, wie sie es sich damals vermutlich gewünscht hätte. Wenngleich sie immer wieder ihren Unmut über die Situation äußert und versucht, Iris dazu zu bewegen, sich auf eigene Beine zu stellen, ist es ihr also nicht nur unangenehm, die Tochter so eng an sich gebunden zu wissen.

Nachwort

Jeder von uns kennt das Spiel MENSCH ÄRGERE DICH NICHT, fast jeder von uns hat es irgendwann in seiner Kindheit gespielt und sich eben doch geärgert, wenn die eigenen roten, blauen, gelben oder grünen Männchen dem glücklichen Wurf eines Mitspielers zum Opfer fielen und vom Spielfeld geschubst wurden. Trotzdem haben wir immer wieder das Spielbrett aufgestellt und auf ein Neues unser Glück versucht. Spiele funktionieren aber nur dann, solange sich alle Beteiligten an die vorgeschriebenen Regeln halten, und genau so ist es auch in der Familie. In jedem Verbund von Eltern und Kindern gibt es Regeln, von denen einige ganz früh von den Eltern festgelegt werden, andere entwickeln sich im Laufe der Zeit, während die Kinder erwachsen werden. Immer aber kann nur so lange »gespielt« werden, wie sich die Mitspieler an der vorher bewußt oder unbewußt vereinbarten Vorgehensweise orientieren.
Verletzt ein Mitglied die Absprache, so ist das Spiel zu Ende. Stellen wir uns also vor, Mutter, Vater, Tochter und Sohn sind die Spieler und das Spiel ist die immer wiederkehrende Diskussion um den Auszug des Kindes/der Kinder. Die Psychologie hat für dieses und ähnliche Phänomene den Begriff Kollusion bestimmt. Er hat seinen Ursprung im Lateinischen - Coludere = Zusammen spielen, und bedeutet nichts anderes, als das unbewußte und uneingestandene Zusammenspiel von Partnern, die auf diese Weise versuchen, ihre Konflikte und/oder Ängste zu bewältigen. Abgesehen von den Familien, in denen ökonomische Bedingungen dazu führen, daß eine räumliche Trennung von Eltern und Kindern erschwert wird, haben wir einige Beispiele kennenge-

lernt, in denen diese Trennung aus emotionalen Gründen nicht vollzogen wird.
Obwohl jeweils eine Partei immer wieder ihre Unzufriedenheit mit der bestehenden Situation äußert, ändert sich nichts.
Die Gespräche gleichen sich wie ein Ei dem anderen, die Argumente sind längst bekannt, teilweise sogar mit bestimmten Stichworten abrufbar, und alles dreht sich im Kreis. Dennoch finden die Auseinandersetzungen in regelmäßigen Abständen statt, wird das Spiel mit seinem starren Regelsystem immer wieder gespielt.
Dieses starre Regelsystem, das alle Beteiligten kennen, ist vor allem begründet in der emotionalen Verklammerung von Eltern und Kindern. Es gibt Situationen, in denen diese Verklammerung so eng und intensiv ist, daß sie von den Beteiligten selbst nicht mehr gelöst werden kann. Da hilft kein guter Wille, und auch die besten Vorsätze nutzen nichts. Wann immer in der verbalen Auseinandersetzung eine Lösung gesucht wird, müssen die Kontrahenten nach kurzer Zeit feststellen, daß ihre Bemühungen in altbekanntem Streit enden.
Wenn Strukturen innerhalb einer Familie so verhärtet sind, daß die Gespräche in den bestehenden Konstellationen zu keinem Ergebnis führen, empfehlen Familientherapeuten, einen möglichst neutralen Partner dazu zu bitten. Das muß kein Spezialist, nicht einmal ein Mensch mit therapeutischer Schulung sein. Es kann einfach nur ein Freund der Familie, oder ein wohlgelittener Verwandter sein.
Mit Hilfe eines solchen neutralen Beobachters lassen sich häufig Fronten aufbrechen, die bis dahin völlig verhärtet schienen. Denn die festgesetzten Spielregeln werden meist durch das Hinzukommen einer weiteren Person neu definiert.

Eltern haben in ihrem Verhältnis zu ihren Kindern bestimmte Funktionen, die über die materielle Versorgung weit hinausgehen. Sie sind zuständig für das Wohlergehen des Kindes auf den verschiedensten Ebenen. Da ist zum einen vordergründig das leibliche Wohl des Kindes, doch mindestens ebenso wichtig ist die elterliche Fürsorge für die seelische Entwicklung. Wirklich »gute« Eltern zu sein ist eine sehr anstrengende Angelegenheit.

Es beginnt damit, daß der Säugling zunächst die Nachtruhe seiner Erzeuger empfindlich stört, weil er – zurecht – seine Nahrung haben möchte. Ist das Baby endlich so weit, daß es durchschläft, haben die Eltern oft das Gefühl, daß die schwerste Hürde genommen ist. Doch das ist ein großer Irrtum. Die strapaziöse Zeit beginnt gerade erst. Im optimalen Fall gelingt es, dem kleinen Kind seine Position innerhalb der Familie mit einer Mischung aus Liebe und Toleranz zu zeigen. Hier ist ganz entscheidend, daß Mutter und Vater ihre eigene Position nicht aufgeben, sich also nicht den Wünschen des Kindes unterordnen, sondern einen Weg finden, ihre Freiräume zu behaupten und gleichzeitig das Kind nicht mehr als nötig einzuschränken. Der Freiraum des Kindes endet da, wo der der Eltern anfängt und umgekehrt. Jedes Elternpaar, das Kinder großgezogen hat, weiß, wie enervierend es sein kann, bestimmte Dinge immer und immer zu wiederholen, bis sie in das Bewußtsein der Kleinen gedrungen sind. Als plakatives Beispiel mögen die nicht enden wollenden Diskussionen in jedem Haushalt um das Aufräumen der Kinderzimmer dienen, auch das Zähneputzen und ähnliche Kleinigkeiten können für eine Weile zum tagtäglichen Kampf in der Familie werden. Manch Erziehender kann sich nach einer Weile selbst nicht mehr die ewig gleichen Sätze sagen hören und hilft sich – aber nicht dem Kind – indem er entnervt die Bauklötze selbst in den dafür vorgesehenen Ka-

sten räumt. Geschieht dieses, hat das Kind eine wesentliche Erfahrung gemacht: Ist es lange genug hartnäckig in der Verweigerung bestimmter von ihm geforderter Dinge, muß es sie irgendwann nicht mehr übernehmen.
Was für das Kleinkind Bauklötze, Puppen und Legosteine sind, sind für den heranwachsenden Jugendlichen etwaige Aufgaben im Haushalt. Die Mutter, die zwanzigmal darum bittet, den Abfall wegzubringen und es beim einundzwanzigsten Mal selbst tut, hat den »Kampf« verloren. Dabei dürfen wir nicht vergessen, daß sie zwar selbstverständlich ein Recht auf die Mithilfe des Sprößlings hat, nicht aber unbedingt darauf, wann er diese Aufgabe erfüllt.
Hilfreich ist sicher, eine bestimmte Zeitspanne vorzugeben, in der man gewisse Dinge erledigt haben möchte. Kein Erwachsener läßt sich gerne aus einer eben ausgeübten Tätigkeit auf Befehl herausreißen, das gleiche gilt auch für Kinder. Für sie ist das Spiel, in dem sie gerade vertieft sind, genauso bedeutsam wie für uns die Arbeit, der wir gerade nachgehen, oder das Buch, das wir mit Spannung lesen. Das Recht, innerhalb einer vorgegebenen Zeit entscheiden zu können, wann das Gewünschte erledigt wird, sollten dementsprechend auch die Kinder wahrnehmen dürfen. Gehen wir noch einen Schritt, und damit einige Jahre, in der Entwicklung der Söhne und Töchter weiter. Irgendwann beginnt die Zeit, wir nennen sie Pubertät, in der unsere Kinder anfangen, sich von uns zu lösen. Dieser Prozeß ist gleichermaßen gesund, wie anstrengend für alle Beteiligten. In dieser Zeit die Nerven zu behalten und die elterliche Funktion nicht zu verlassen, ist oft sehr schwer. Das Wechselbad der Gefühle, dem die Kinder ausgesetzt sind, und in das sie uns gnadenlos einbeziehen, führt häufig zu großen Spannungen in der Familie.
Eltern müssen sich klar sein darüber, daß ihre Kinder im Begriff sind erwachsen zu werden, es aber noch nicht sind. Sie

fordern vehement, ernstgenommen zu werden, führen hochtrabende Gespräche über die politische Lage der Welt und sonstige Themen und legen gleichzeitig Verhaltensweisen an den Tag, die uns zweifeln lassen, ob sie das Stadium der Fünfjährigen schon verlassen haben.

Verbote, die sie bis dahin mit Vernunft akzeptiert haben, werden plötzlich nicht nur in Frage gestellt, sondern heimlich umgangen, das eben noch zuverlässige und ehrliche Kind vergißt scheinbar alles, was nicht unmittelbar mit seinem Interessenumfeld zu tun hat, und schwindelt sich aus den dadurch entstehenden unangenehmen Situationen mehr oder weniger geschickt heraus.

Oftmals ratlos stehen die Eltern vor einem Wesen, daß ihnen innerhalb ganz kurzer Zeit völlig fremd zu werden scheint. Bei allem Verständnis, das aufgeklärte Eltern den hormongeschüttelten Töchtern und Söhnen entgegenbringen sollten, auch hier gilt der bereits formulierte Satz, der Freiraum des Kindes hört da auf, wo der eigene beginnt.

Gerade jetzt ist das aber sehr schwer durchzusetzen. Es ist ein außerordentlich schmerzhafter Prozeß, den auch die Eltern in dieser Zeit durchmachen müssen. Das Kind, das ihnen aus ihrer Sicht noch vor wenigen Jahren erst uneingeschränkte, dann eine leicht modifizierte aber doch große Zuneigung entgegenbrachte, lehnt sich auf und verbringt seine Freizeit überall und mit jedem lieber, als mit den eigenen Eltern.

Haben sich diese in den vergangenen Jahren zu sehr auf ihr Kind/Kinder konzentriert, muß die veränderte Situation als großer Verlust empfunden werden. Wenn sie denn innerlich überhaupt zugelassen wird. Die Pubertät läßt sich nicht verhindern, soviel steht fest, aber Eltern und Kinder können verschieden damit umgehen. Es macht einen großen Unterschied, ob Eltern sich dieser notwendigen Entwicklung in all ihren Facetten offen gegenüber zeigen, oder ob sie versu-

chen, die beginnende Unabhängigkeit zu unterdrücken. Die Möglichkeiten für letzteres sind vielfältig.
Nehmen wir an, ein junges Mädchen von fünfzehn oder sechzehn Jahren ist auf ein Fest eingeladen. Es findet in den Räumlichkeiten eines ihrer Freunde/Freundinnen statt, die Eltern sind informiert, objektiv spricht nichts dagegen, die Einladung anzunehmen. Es ist ein Samstag und der Zufall will es, daß die Mutter diesen Abend allein zu Hause verbringt, ein Zustand, der ihr vielleicht nicht angenehm ist. Die selbstbewußte Mutter wird ihr Kind dennoch gehen lassen, die auf das Kind fixierte spürt die beginnende Eigenständigkeit und empfindet sie als Bedrohung für ihr Verhältnis zum Kind. Sie wird entweder ein Verbot aussprechen, oder auf subtilere Weise versuchen, ihr Kind am Fortgehen zu hindern, indem sie auf die eigene Einsamkeit verweist und das Kind bittet, doch in diesem speziellen Fall auf sie Rücksicht zu nehmen.
Es gehört mit zu den schwersten Aufgaben, die Eltern im Laufe des Erziehens ihrer Kinder zu bewältigen haben, das Gleichgewicht zwischen Nähe und Abstand proportional zur Entwicklung ihrer Kinder zu erhalten. Eltern, die sich diesem Prozeß entziehen und ihre Position der Lenkenden verlassen, mit dem Ziel zu Freunden ihrer Kinder zu werden, vernachlässigen ihre Erzieherfunktion und übernehmen eine Rolle in der Eltern-Kindbeziehung, die ihnen nicht zukommt. Nichts spricht dagegen, daß erwachsene Kinder ein freundschaftliches Verhältnis zu ihren Eltern entwickeln und pflegen, dieses Verhältnis kann aber nur dann zustande kommen, wenn zuvor eine beiderseitige Ablösung stattgefunden hat. Das setzt voraus, daß Eltern die innere Bereitschaft haben, das Kind ziehen zu lassen, auch, wenn ihnen dieser Vorgang weh tut. Es ist immer schmerzhaft, einen geliebten Menschen loslassen zu müssen, und am schmerzhaf-

testen ist es zu realisieren, daß das eigene Kind sich entzieht und eigene Wege geht.

Was aber ist, wenn Kinder diesen Weg gar nicht gehen möchten? Es gibt kein Rezept, keine Garantie dafür, wie man sich als Eltern verhalten muß, damit die Kinder eines Tages die eigene Selbständigkeit anstreben und vor allem auch in der Lage sind, sie zu realisieren. Sicher ist nur, daß familiäre Konstellationen, wie wir sie angetroffen haben, nie nur von einer der Parteien gestaltet und bestimmt werden.

Eltern, die sich beschweren über die Tatsache, daß ihre Kinder länger als geplant bei ihnen bleiben, haben ihren Teil dazu beigetragen, und tun es noch heute, daß die Situation sich nicht verändert. Damit sind wir wieder bei dem Spiel, das sich nach bestimmten Regeln ständig wiederholt. Es ist nur dann zu beenden, wenn einer der Beteiligten irgendwann nicht mehr mitspielt. Der Vater, der allabendlich mit seiner Tochter fruchtlose Gespräche über die Unterschiedlichkeit der Lebensvorstellungen führt, ist dazu nicht gezwungen. Er kann sich entziehen, indem er seinen Standpunkt ein letztes Mal darstellt und von diesem Zeitpunkt an die Auseinandersetzung verweigert, er kann aber auch dafür sorgen, daß die Tochter sich eine Wohnung nimmt, indem er tatsächlich aktiv wird und selbst danach sucht. Solange er allerdings die Reibung zwischen seiner Tochter und sich unter anderem als ein Zeichen von Nähe wertet und damit artikuliert, daß der Zustand ihm so unangenehm gar nicht ist, wird sich auch nichts ändern.

Um Mißverständnissen vorzubeugen, es kann in keinem Fall darum gehen, irgendeine Form von Schuldzuweisung zu betreiben. Die Beziehungen zwischen Menschen sind vielschichtig und oft von außen kaum zu durchschauen, aber sie sind immer von den Beteiligten selbst und ihren Verhaltensweisen geprägt. Die Tochter, die subjektiv das Gefühl hat, ih-

re alleinstehende Mutter nicht verlassen zu können, mag vordergründig mit ihren Empfindungen im Recht sein. Die Frage ist nur, ob die Mutter mit einer räumlichen Trennung nicht vielleicht viel besser fertig würde, als sie und ihre Tochter es sich im Moment vorstellen können. Und, was gibt die Tochter auf, wenn sie auszieht?
Schließlich ist es auch ein schönes Gefühl, jemanden zu haben, der auf einen wartet und sich freut, wenn man nach Hause kommt.
Wir haben gesehen, nicht alle jungen Erwachsenen, die ihr Elternhaus nicht verlassen, tun dies aus Gründen des materiellen Komforts, aber es gibt auch solche. Sie kommen meist aus gutsituierten Verhältnissen und ahnen intuitiv, daß sie den Lebensstandard, wie sie ihn bis heute erfahren haben, für eine geraume Zeit werden aufgeben müssen, wenn sie sich entscheiden, die Etage im elterlichen Haus gegen eine »Studentenbude« – was immer das im Einzelfall heißt – einzutauschen. Ganz zu schweigen von dem Aspekt der Versorgung, die in diesen Fällen, wenn auch nicht immer ganz freiwillig, noch von den Eltern übernommen wird.
Es sind dies oft junge Leute, die einen großen Anspruch an ihre Umgebung artikulieren, ohne jemals etwas getan zu haben, das diesen Anspruch rechtfertigen könnte. Sie sind groß geworden mit Eltern, die ihren Kindern immer nur das Beste angedeihen lassen wollten und in diesem Bestreben manchmal vergessen haben, daß es für die Entwicklung von Kindern nicht unbedingt schädlich ist, wenn von Zeit zu Zeit Wünsche auftauchen, die nicht sofort erfüllt werden.
Gleichzeitig sind es auch oft die Eltern, die sich ihren Kindern gegenüber eher als Freunde oder Verbündete sehen, denn als Eltern. Das kann bedeuten, daß sie im Falle einer ernsthaften Auseinandersetzung, wie sie in jeder Beziehung wichtig und richtig ist, nicht die emotionale Energie aufbrin-

gen, den Konflikt mit ihren Kindern auszuhalten und sich hinter einen Paravent von Verständnis und Gleichberechtigung zurückziehen.
Sie nehmen damit den Kindern einen Teil der Möglichkeit, sich abzugrenzen; zu lernen, wie man innerhalb eines emotional bestimmten Verhältnisses mit Differenzen umgeht. Eine Eigenschaft, die für eine spätere eigene Partnerschaft von großer Bedeutung ist. Ob junge Menschen, die länger als üblich und ursprünglich von den Eltern geplant, zu Hause wohnen und die damit verbundenen Annehmlichkeiten für sich in Anspruch nehmen, notwendigerweise unselbständigere, verwöhntere oder schwierigere Partner ihrer zukünftigen Freunde und Freundinnen, Ehemänner und Frauen werden, ist schwer zu sagen und läßt sich nur individuell entscheiden. Unbestritten aber ist, daß Menschen, die im Laufe ihrer Entwicklungen wenig oder keine innere Sicherheit erwerben konnten, größere Schwierigkeiten mit einer späteren Partnerschaft haben, als solche die, wie man so schön sagt »in sich ruhen«; die ihr Elternhaus in dem Bewußtsein verlassen konnten, daß sie durch die räumliche Trennung nicht der inneren Nähe verlustig gehen, deren Eltern sich dem Prozeß der Ablösung nicht entgegenstellen, sondern ihn mitvollzogen haben, und die im Anschluß zu einem möglicherweise immer noch engen, aber von anderen Vorzeichen bestimmten Eltern-Kind-Verhältnis gefunden haben.
Diesen Kindern haben ihre Eltern etwas ganz Wesentliches für ihr späteres Leben mitgegeben: Wurzeln und Flügel